Geboren in der DDR

Julia Zipper
Anja Scholl

WIR vom Jahrgang 1988

Kindheit und Jugend

Wartberg Verlag

Impressum

Bildnachweis:

Liesa Landgraf: S. 5, 6 o.l., 17 u.r., 19, 28, 29 o., 34, 35 l., 36 o.l., 36 u., 40 o., 42 r., 44, 49 o., 50 l., 51 u., 52, 53, 54 o., 55 u., 57; Julia Zipper: S. 6 o.r., 8, 10, 13, 14, 15 u., 16 o., 17 o., 21, 22 o.r. + u.r., 23 o., 24 o.l., 26, 29 u., 30, 31, 32, 33, 35 r., 37 u., 39 l., 42 l., 51 o., 54 u., 55 o., 59 u., 60 o.l., 61, 63 o.l., 63 u.; Anja Scholl: S. 6 u., 22 l., 46 r.; Christiane Schulz: S. 7, 11, 13 o., 15 o., 17 u.l., 23 u., 24 o.r., 26 o.l., 27, 37 o., 38, 39 r., 40 u., 41, 43, 45, 46 l.; Frank Hölzer: S. 24 u.; Christian Rausch: S. 36 o.r., 50 r., 59 o.; Hartmut Bocker: S. 49 u., 58, 60 o.r., 60 u., 62, 63 o.r.; Archiv Wartberg Verlag: S. 56
ullstein bild – Röhrbein: S. 12; ullstein bild – Gisbert Paech: S. 16 u.; ullstein bild – Horstmüller: S. 18 l.; ullstein bild – Public Address: S. 18 r.; ullstein bild – Winkler: S. 25; ullstein bild – Public Address Presse: S. 47; ullstein bild – DIAGENTUR: S. 48

Wir danken allen Lizenzträgern für die freundliche Abdruckgenehmigung. In Fällen, in denen es nicht gelang, Rechtsinhaber an Abbildungen zu ermitteln, bleiben Honoraransprüche gewahrt.

1. Auflage 2009

Gestaltung und Satz: Ravenstein und Partner, Verden
Druck: Thiele & Schwarz, Kassel
Buchbinderische Verarbeitung: Buchbinderei Büge, Celle

34281 Gudensberg-Gleichen • Im Wiesental 1
Telefon: 0 56 03/9 30 50 • www.wartberg-verlag.de
ISBN: 978-3-8313-1988-6

VORWORT

Liebe 88er!

Wir 88er können unseren Jahrgang als außergewöhnlich und durchaus gelungen betrachten, wenn wir bedenken, was wir in der Kindheit und Jugend alles Aufregendes erlebt und kennen gelernt haben. Unser Leben in sozialistischen Zeiten begonnen, sind wir in die um uns herum alles veränderte Wendezeit hineingewachsen. Von beiden Seiten, Ost wie West, haben wir tiefgreifende Wandlungen erfahren und uns im neu strukturierten Land schnell zurechtgefunden und behauptet. Weil wir gerade mal ein Jahr auf der Welt waren, als die Wende kam, klingen manche Geschichten aus DDR-Zeiten heute noch wie ferne Märchen und unrealistisch, und doch sind sie ein wichtiger Teil unserer Vergangenheit, den wir nicht vergessen sollten. Für unsere Eltern war es da schon etwas schwieriger, sich mit neuen Schulsystemen, Hortfinanzierungsmöglichkeiten und Klassenfahrten ihrer heranwachsenden Sprösslinge auseinanderzusetzen. Für uns allerdings war es eine glückliche Zeit, in der wir fast immer sorgenfrei auf dem Weg waren, eine selbstbestimmende Persönlichkeit zu werden. Die Tore zur Welt standen uns offen und wer konnte, hat sich gleich nach dem 18. Lebensjahr aufgemacht, diese zu entdecken. Ob Auslandsjahr, Führerschein in Rekordzeit oder eine Lehre – wir sind frei in unseren Entscheidungen, frei im Herzen und frei fürs Leben. Nicht nur deshalb sind wir ein ganz besonderer Jahrgang.

Liebe 88er, schauen wir nun gemeinsam noch einmal zurück, wie alles begann und was die Zeit alles für wunderbare Ereignisse mit sich brachte. Der Ausflug in die Vergangenheit wird euch das eine oder andere Lächeln ins Gesicht zaubern. Unvergessliche Erlebnisse, die Teil von uns sind und uns stolz machen. Möge die Reise beginnen und wir Autoren wünschen dabei eine Menge Freude.

Anja Scholl

Anja Scholl

Julia Zipper

Julia Zipper

1988–1990

Hurra, wir sind da!

Das 1. bis 3. Lebensjahr

Geschafft – ein neuer Erdenbürger ist da!

Endlich war es so weit und der Termin unserer Geburt stand bevor. Als die Wehen einsetzten, forderten zunächst die werdenden Mütter einen Krankenwagen an, der sie von zu Hause abholen sollte. Denn nicht alle im Ort hatten zu unserer Ankunft ein Auto, das vor der Tür bereitstand. Mit dem schon vor Wochen gepackten Koffer zogen dann unsere Mütter in eines der städtischen Krankenhäuser ein, wo es recht hektisch zuging und alle gespannt auf unsere Ankunft warteten. Das Licht der Welt erblickten wir schließlich in einem großen Kreißsaal. Hier war rein gar nichts von einem geburtenschwachen Jahrgang zu sehen, so viele Mütter lagen dicht an dicht und nur durch dünne Paraventwände getrennt, nebeneinander. Wie an einem Fließband verhalfen uns sehr gut ausgebildete Hebammen, auf die Welt zu kommen. Mit vereinten Kräften war es bald geschafft und endlich waren wir da.

Für ein liebevolles Kuscheln war zuerst keine Zeit, mussten wir doch von der Hebamme sogleich untersucht, gewaschen, gewogen, vermessen und gewickelt werden. Das gefiel uns überhaupt nicht, was wir auch lauthals kundtaten. Doch die ersten Schreie waren ein gutes Zeichen. Wir waren am Ziel und gesund auf der Welt angekommen. War nicht gleich jemand von der Familie an Ort und Stelle, bekamen diese zunächst telefonisch die Auskunft, dass Mutter und „Säug-

Chronik

17. Januar 1988
Mit der Losung Rosa Luxemburgs „Die Freiheit ist immer die Freiheit der Andersdenkenden" protestieren Bürgerrechtler der DDR in Ostberlin. Es kommt daraufhin zu circa 160 Verhaftungen.

19. Juni 1988
Michael Jackson gibt vor dem Reichstagsgebäude in Westberlin ein Konzert. Während der Veranstaltung kommt es auf der Ostseite der Mauer zwischen Jugendlichen und der Volkspolizei zu Auseinandersetzungen.

18. November 1988
Die deutsche Ausgabe der sowjetischen Zeitschrift Sputnik wird von der Postzeitungsliste gestrichen und somit verboten.

20. Januar 1989
George H.W. Bush wird zum 41. Präsidenten der USA gewählt.

27. Juni 1989
Der ungarische Außenminister Gyula Horn und sein österreichischer Kollege Alois Mock zerschneiden an der Grenze Stacheldrahtzaun. In der DDR wird das als Akt der Freiheit gedeutet und verursacht einen regelrechten Urlauber- und Flüchtlingsstrom nach Ungarn.

4. September 1989
Die Montagsdemonstrationen in Leipzig beginnen, als DDR-Bürger für das Recht auf Versammlungs-, Reise- und Pressefreiheit demonstrieren.

30. September 1989
Alle DDR-Flüchtlinge, die sich in den Botschaften der BRD in Warschau und Prag aufhalten, dürfen ausreisen, verkündet Bundesaußenminister Hans-Dietrich Genscher von dem Balkon der BRD-Botschaft in Prag.

9. November 1989
Fall der Berliner Mauer und Öffnung der Grenzen.

3. Oktober 1990
Tag der Deutschen Einheit. Beitritt der DDR zur Bundesrepublik Deutschland.

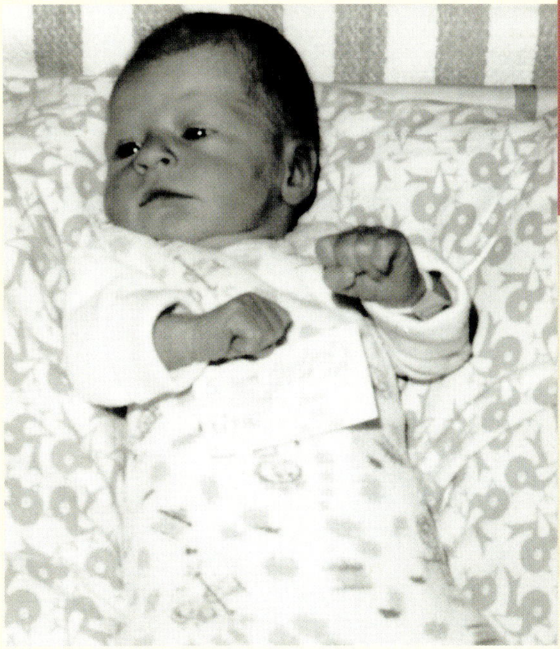

Der kleine Neuankömmling. Wohl und satt, wie schön ist dat.

ling" wohlauf sind und man sie entsprechend der Besuchszeiten in Augenschein nehmen könne. Das Geschlecht hingegen wurde dem neugierigen Anrufer nicht mitgeteilt. Relativ zügig machte es dann im familiären Kreis und in der Nachbarschaft die Runde. War der Säugling auf der Babystation gut untergebracht – denn das Baby lag damals noch nicht im Zimmer der Mutter –, konnten sich unsere Mütter von den Strapazen der Geburt erholen. Die Freude über unsere Ankunft war groß. Im städtischen Krankenhaus hielten die Mütter sich streng an die ärztlichen Vorgaben, alle vier Stunden zu stillen und den Säugling danach wieder in das Babyzimmer zu bringen, wo er unter Beobachtung der Kinderkrankenschwestern war. Das war unser durchgeplanter Alltag in den ersten Lebenstagen.

Das große Geschwisterkind freut sich über die neue Gesellschaft.

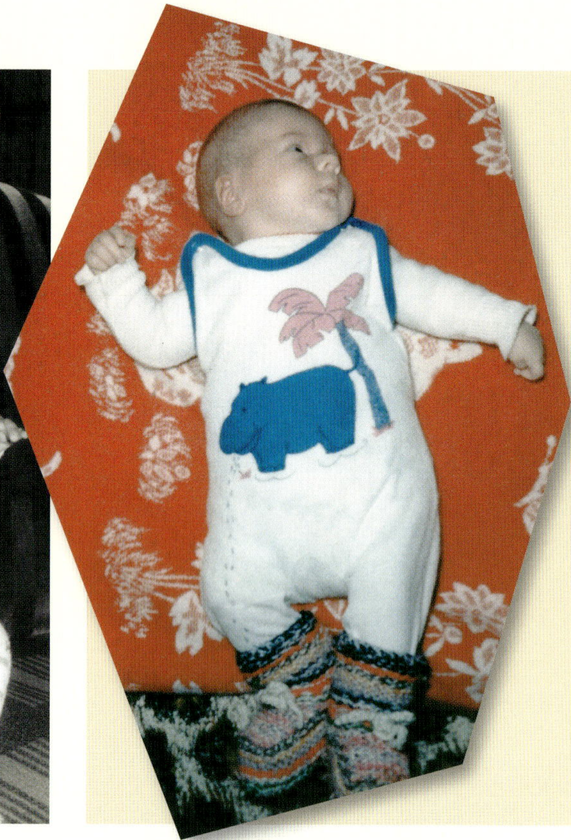

Kaum ein paar Tage auf der Welt, schon den Preis in Niedlichkeit gewonnen.

Vater sein ist gar nicht schwer

Unsere Väter suchte man zu unserer Ankunft vom Geburtsvorbereitungskurs bis hin zur Geburt vergebens. Bestand auch durchaus Teilnahmeinteresse, so war es ihnen streng untersagt, in den ersten Stunden unseres Erdenlebens dabei zu sein. Sie mussten draußen bleiben und abwarten oder sich die Zeit anders vertreiben. Nicht selten waren unsere Väter noch bei der Arbeit oder auf dem Weg ins Krankenhaus, wo die Besuchszeit einen kurzen Blick auf uns erlaubte. Natürlich erst, wenn das ältere Geschwisterkind, falls wir eins hatten, sicher bei Oma oder Tante untergebracht war. Denn Kinder unter 14 Jahren hatten nur in Ausnahmefällen die Erlaubnis, mit in das Krankenhaus zu fahren und das neue Geschwisterchen in Augenschein zu nehmen. Sie warteten gespannt zu Hause auf diese Gelegenheit. Unsere geduldigen Väter sahen uns zum ersten Mal während der Besuchszeit im Krankenhaus durch eine große Glasscheibe. Nach fünf

Zur Feier des Tages rauchten unsere Väter gern eine Zigarre.

Tagen wurden wir in die selbstgestrickte Ausfahrgarnitur in den klassischen Farben Blau oder Rosa gesteckt und in einem großen mitgebrachten Kissen von unseren Müttern nach Hause getragen. Die engsten Familienmitglieder standen schon bereit, um uns herzlich willkommen zu heißen. Der glückliche Vater, der unserer Ankunft aufgeregt entgegenfieberte, Bruder oder Schwester, die ungeduldig und fragend auf ihre Mutter schauten, und in den meisten Fällen die Oma, die mit guten Tipps zur Seite stand, sie alle hatten sich um uns herum versammelt. Von der vielen Aufregung jedoch bekamen wir kaum etwas mit. Wir schliefen selig und zufrieden in unserem bereitgestellten Stubenwagen, der schon unseren Geschwistern als liebevoll hergerichtete Schlafstätte diente. So zogen wir in unser neues Heim und wurden von jedem Familienmitglied mit wachen Augen bestaunt.

Mmh, der Waschlappen ist so schön saftig!

Penatencreme und Baumwollwindeln

Wer von unseren Eltern es sich leisten konnte, der versorgte uns mit Penatencreme, die zu einem Wechselkurs von 1:7 Ostmark im Intershop gekauft werden konnte. Besser noch, wenn die begehrte Creme in einem sehnlich erwarteten Westpaket als Geschenk beigelegt war. Ansonsten kamen an unseren Po nur Babypuder und wieder verwertbare Baumwollwindeln und Moltontücher, die uns jedoch, einmal vollgesaugt, nicht sonderlich behagten. Auf Zuteilung gab es Malimowindeln, die ebenfalls unseren Saubergang beschleunigten. So schnell es eben ging, wollten wir aus diesen Windeln heraus und lieber unser eigenes Töpfchen lernen zu benutzen. Das dauerte allerdings noch ein wenig und bis wir so weit waren, wurden wir von unseren Müttern mit einer entsprechenden Menge an Penatencreme für unseren zarten Kinderpopo liebevoll in trockene Tücher gewickelt. Nach einem Bad war das besonders kuschelig.

Beschäftigung

Im Kinderwagen oder Stubenwagen lag in den meisten Fällen eine Decke oder ein großes Federkissen mit bunten Babymotiven darauf und sorgte für die restliche Nestwärme. Es fehlte uns an rein gar nichts und wir fühlten

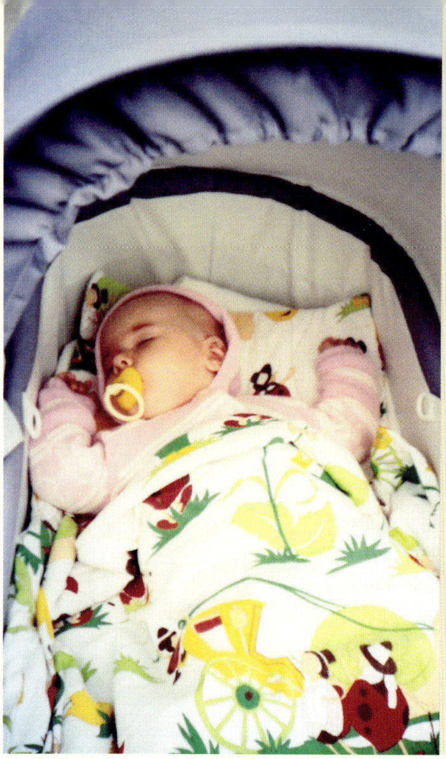

So hatten unsere Eltern uns wohl am liebsten. Ruhig schlafend im Kinderwagen und dabei süß ausschauend.

Langsam aber sicher wollen wir mitspielen.

uns in der Rolle des im Mittelpunkt stehenden Neuankömmlings sichtlich wohl. Nur ab und zu war unser Geschrei durch die dünnen Wohnblockwände zu hören, wenn sich der erste Zahn bemerkbar machte oder das ältere Geschwisterchen unseren Wachstumsschlaf durch Ruhestörung unterbrach. Nicht selten wurden wir dann in den Kinderwagen gelegt und stundenlang spazieren gefahren, bis wir wieder eingeschlafen waren. Auf jeden Fall wollten wir im Kinderwagen auch beschäftigt und beachtet werden und was eignet sich da besser, als laut zu schreien? Dann kümmerte sich garantiert jemand um uns.

Jemand hat mir meinen Nuckel gestohlen! Das Geschrei ist nicht zu überhören.

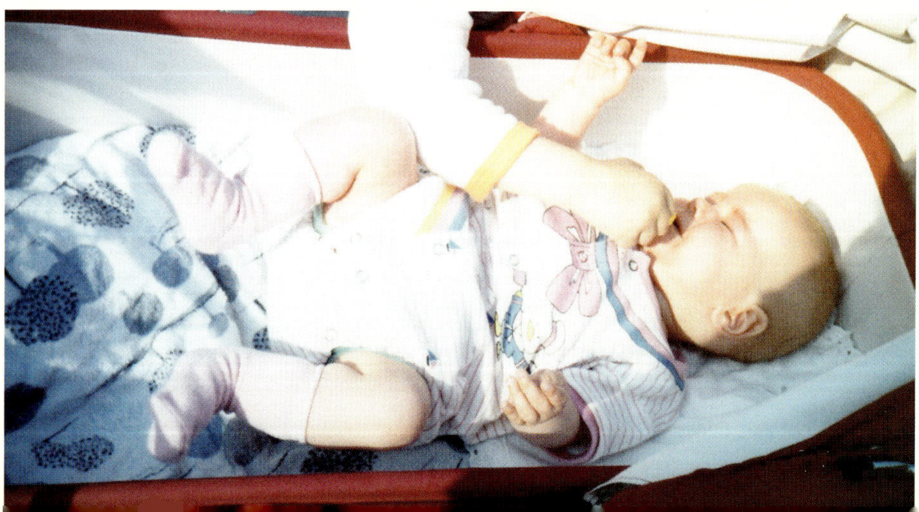

Das Eltern-Sorglos-Paket

Die Vereinbarkeit von Familie und Beruf ist der SED-Regierung ein wichtiges Anliegen. Um dem Rückgang von Geburten und Eheschließungen in den 70er Jahren entgegenzuwirken, beschließt die SED-Regierung die Einführung eines Ehekredits. Der Ehekredit gibt Eltern die Möglichkeit, sich finanziell erheblich zu verbessern und ist ein vom Staat geschaffener Anreiz, sich vor den Traualtar zu wagen und Kinder zu bekommen. Für den Bund der Ehe gibt es einen zinslosen Betrag in Höhe von 7000 Mark und damit die Möglichkeit, sich davon etwas Besonderes zu leisten. Ein Farbfernseher zum Beispiel kostet stolze 5000 Mark. Der Ehekredit unterliegt jedoch gewissen Voraussetzungen. So muss das junge Paar unter 26 sein und zum ersten Mal heiraten, in den 80er Jahren werden diese Bedingungen jedoch aufgeweicht. Da sich die Rückzahlung pro Kind verringert, stellt die Familiengründung einen großen Anreiz für Eltern dar. Hinzu kommt, dass Mütter beim zweiten Kind ein ganzes Jahr bei voller Lohnzahlung zu Hause bleiben dürfen.

Grund zum Heiraten besteht auch, wenn man eine Neubauwohnung haben möchte, denn diese gibt es nur mit vorgelegter Eheurkunde.

Ein festlicher Akt der Namensgebung

Nach wenigen Monaten unseres Daseins hieß es für einige von uns, ordnungsgemäß als kleiner Erdenbürger getauft zu werden. Wir bekamen in einem festlichen Akt unseren Namen zugesprochen. Dieser besondere Anlass forderte auch eine besondere Kleidung und so wurden wir nicht wie üblich in ein selbstgestricktes Kleidchen gehüllt, sondern trugen eine weiße Spitzentracht, in der wir zum Taufbecken getragen wurden. Zwar erschreckte uns das kalte Wasser auf unserem Köpfchen, war aber schnell in der ganzen Aufregung wieder vergessen. Es gehörte nun mal, ebenso wie die zwei vorher bestimmten Paten, zu der gesamten Prozedur dazu. Anschließend konnte das offizielle Ereignis im Kreise der lieben Verwandtschaft gefeiert werden. Eine andere mögliche Art der Taufe war die sozialistische Namensgebung, in der es für uns auch einen Namen, aber kein kaltes Wasser gab. Gefeiert wurde in jedem Fall. Für diejenigen unter uns, die weder sozialistisch noch kirchlich getauft wurden, gab es natürlich trotzdem einen Namen.

Modische Transportmittel

Unsere Mütter waren sehr modebewusst, aber auch zweckorientiert. Unsere Transportmittel wie Stubenwagen oder Kinderwagen kamen gleich mehrere Male zum Einsatz. Sie dienten unseren älteren Geschwistern bereits als Schlafstätten und gingen meist von Hand zu Hand. Bei unserer Ankunft zu Hause wurde der Kinderwagen dann aus dem Keller oder vom Boden wieder hervorgeholt und ordentlich geputzt und poliert, so erstrahlte er in neuem Glanz. Die Farbe des schon in die Jahre gekommenen Gefährts war dabei vom Geschlecht des Kindes völlig unabhängig. Rot, Blau und Beige waren die gängigsten, mit diesen Farben lagen wir Babys immer richtig. Den einzigen Unterschied machte die Dekoration, wenn unser Stubenwagen zum Beispiel einen neuen Himmel bekam oder die Babywiege

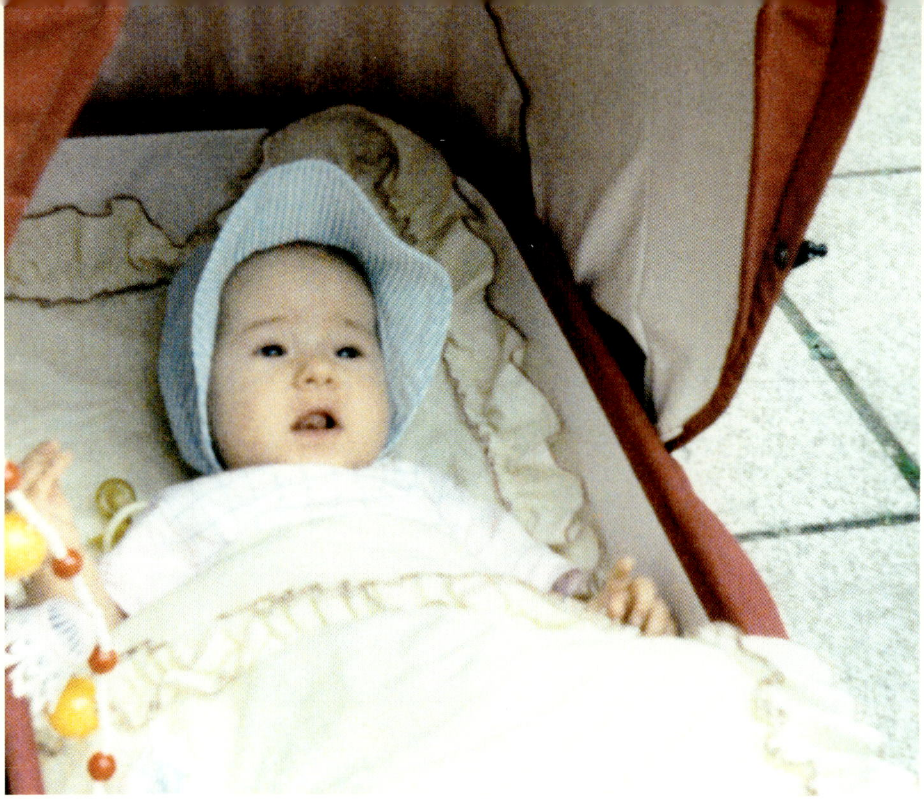

Ob Junge oder Mädchen erkannte man nicht immer an der Farbe des Kinderwagens.

einen neuen Anstrich. Dem Ideenreichtum waren kaum Grenzen gesetzt, denn auch in der Kinder-HO konnten unsere Eltern einiges zur Verschönerung der Babyausstattung erwerben. Wollte man aber etwas Besonderes, waren echte Handarbeit und Nachforschungen im nächsten Umfeld angesagt. Bekannte und Nachbarn verborgten stets mit einem guten Gefühl, denn mit hoher Wahrscheinlichkeit bekamen sie es ja irgendwann wieder zurück. Sich gleich einen neuen Kinderwagen oder gar eine komplette Babyausstattung zu kaufen, daran dachte eigentlich niemand. Warum auch, die vorhandenen Sachen waren meist in einem guten Zustand und reichten völlig aus.

Schließlich ging es mit dem neu hergerichteten Kinderwagen Marke Zekiwa zum Schaulaufen im Ort herum oder unsere Mutti machte Besorgungen im örtlichen Konsum. Mit dem erprobten Transportmittel war alles möglich, ein großes Einkaufsnetz bot genügend Platz und wenn der einmal nicht ausreichte, benutzten unsere Muttis eben den Korb unterhalb der Liegefläche, wo sonst Windeln, Kuscheltiere und Flaschen ihren Platz hatten. Als praktisches Vehikel der damaligen Zeit verfügte der Wagen über eine abnehmbare „Wanne", die unseren Transport erheblich erleichterte. Ebenfalls gab es die Möglichkeit, den einmal erstandenen Kinderwagen um- oder aufzurüsten. Mit einem passenden Sportwagenaufsatz zum Beispiel, den man in allen größeren Städten erwerben konnte. Als schließlich mit der Wende modische Buggys sich großer Beliebtheit erfreuten, stellten sich unsere Eltern gern in die Schlange beim Händler an.

Schick in Strick.

Richtig in Szene gesetzt

War unser Kinderwagen mit seinem schicken Style schon ein absoluter Hingucker, wurden bei uns Neugeborenen in Sachen Bekleidung erst recht keine Kompromisse gemacht. Modische Kleidung war ein absolutes Muss und bewährte Rundstrickartikel in. Unsere Mütter zeigten wie immer jede Menge Talent und Geduld, wenn sie für uns liebevoll Mützen und Kleidung nähten, häkelten oder an einer schicken Garderobe strickten. Ob Arztbesuch, Familientreffen oder Spazierfahrt im Kinderwagen, wir waren stets passend gekleidet, auch wenn das eine oder andere schöne Kleidungsstück von unseren älteren Cousins und Cousinen oder Geschwistern war. Voller Stolz wurden wir so modisch wie möglich in Szene gesetzt und der Gemeinde präsentiert.

Babyjahr oder Kinderkrippe?

Mit frühestens sechs Monaten war es dann so weit und unsere Mütter brachten uns zur Eingewöhnungszeit in die städtische Kinderkrippe, wo sich für die nächsten Jahre freundliche Ersatzmütter um unser Wohl kümmerten. Ab sechs Uhr morgens konnten wir abgegeben und nach Arbeitsende von unseren Eltern wieder mitgenommen werden, sofern unsere Mütter für uns einen Krippenplatz in Anspruch nehmen wollten. Manche kamen auch erst mit einem Jahr in die sozialistische Einrichtungsstätte. Ganz egal, für welche Variante sich die Mutter entschied, mit finanziellen Nachteilen brauchte niemand von den Frauen zu rechnen. Ob man jetzt ein Jahr zu Hause oder lieber schnell zurück in die Arbeitswelt wollte, lag ganz in der Hand der Frau. Das Gehalt wurde in beiden Fällen vom kinderfreundlichen Staat bezahlt.

Die Krippenerzieherinnen, so die offizielle Berufsbezeichnung, hatten mit uns alle Hände voll zu tun, denn in der Kinderkrippe ging es recht laut und fröhlich zu. Ganz im Sinne pädagogischer Maßstäbe, an die sich die Erzieherinnen hielten, schliefen wir entweder die meiste Zeit, aßen oder benötigten eine frische Windel. Für 35 Mark gab es das alles inklusive und unsere Eltern konnten beruhigt ihrer Arbeit nachgehen. Am meisten gefiel es uns, wenn wir gemeinsam in einem extra für uns hergerichteten Wagen, dem sogenannten „Sechssitzer", nebeneinander saßen und an der frischen Luft spazieren gefahren wurden, bis unsere Bäckchen sich rot färbten. Es war wie in einer großen Familie und die Krippentanten taten ihr Bestes, damit es uns gut ging.

Wir sind ein Volk!
Die Mauer ist keine Hürde mehr.

Die Wende

Die „Wende" in der DDR vollzieht sich zwischen Herbst 1989 und Frühjahr 1990. Es ist eine friedliche Revolution der Bürger, die mit Montagsdemonstrationen beginnt und schließlich zur Auflösung des SED-Staates führt. Die Veränderungen in der Sowjetunion durch Glasnost und Perestroika unter Michail Gorbatschow bringen auch das DDR-System ins Wanken. Es kommt zu Massendemonstrationen und einer wahren Ausreiseflut aus der DDR. Am 9. November 1989 muss die gescheiterte DDR-Führung die Mauer öffnen, nachdem Günter Schabowski auf einer Pressekonferenz mit den Sätzen: „Und deshalb haben wir uns dazu entschlossen, heute eine Regelung zu treffen, die es jedem Bürger der DDR möglich macht, über Grenzübergangspunkte der DDR auszureisen.", „Das tritt nach meiner Kenntnis ... ist das sofort, unverzüglich.", einen Massenansturm auf die Grenzübertrittsstellen ausgelöst hat. Am Grenzübergang Bornholmer Straße in Ostberlin lassen um 21.20 Uhr die dort ihren Dienst verrichtenden Offiziere der Passkontrolleinheit und der Grenztruppen der DDR als Erste die Menschenflut passieren und lösen damit eine Kettenreaktion an allen Grenzübergängen in und um Berlin aus.

Dass kein großes Unglück in dieser denkwürdigen Nacht geschieht, sondern viele Tränen aus Freude und Erleichterung auf beiden Seiten des Landes fließen, darüber sind heute sicherlich alle Menschen froh, nicht nur die, die das geschichtsträchtige Ereignis in Berlin hautnah miterlebt haben.

So werden aus zwei Ländern, die durch eine Betonmauer getrennt waren und ganz unterschiedliche Entwicklungen und Systeme in der Zeit der Trennung genommen haben, mit der Wende wieder eins.

Ich esse keine Schokolade, ich verschmier sie nur.

Ich esse meinen Brei

In regelmäßigen Abständen bekamen wir unser Fläschchen, welches mit Milchpulver der Marke Kina oder Milasan gefüllt war. Als wir alt genug für leckeren Brei aus dem Gläschen waren, entdeckten wir sehr schnell, was es für eine Freude macht, die wohl schmeckende gelblich-orange Masse überallhin zu verteilen. Besonders auf unserer Kleidung oder der der Eltern ergab es ein reizendes Bild. In diesem Falle konnte man von Glück reden, wenn man sich einen gesicherten Vorrat an Dederonschürzen aus DDR-Zeiten angelegt hatte, die das Gröbste abfingen und immer für eine saubere Lösung standen. Allerdings waren unsere Eltern auch erfinderisch, wenn es um die Besserung diverser Essensmanieren ging. Sie wendeten unter anderem längst ausgereifte Verfahren an, den nach Apfel oder Karotten riechenden Brei dann doch noch sicher bei uns einzuschleusen: „Mach schön den Mund auf, der Hubschrauber setzt zur Landung an", hörten wir gern und leisteten auch artig Folge. Aber Schokolade aßen wir besonders gern.

Neu gewonnene Freiheit auf allen Vieren

Als wir endlich krabbeln oder umherrobben konnten, ging es los mit der Erkundung unserer kleinen Welt. Keine Sekunde Ruhe gönnten wir den Personen um uns herum, lieber hielten wir sie alle mächtig auf Trab. Da mussten Gegenstände, die zwar viel größer waren als wir, aber längst nicht so stark, vor unseren Krabbelversuchen in Sicherheit gebracht und alle möglichen Bodenschätze von Wert in der obersten Schrankecke verstaut werden. Wir konnten

Nichts war mehr vor uns sicher.

Auf Papas Arm konnten wir nichts anstellen.

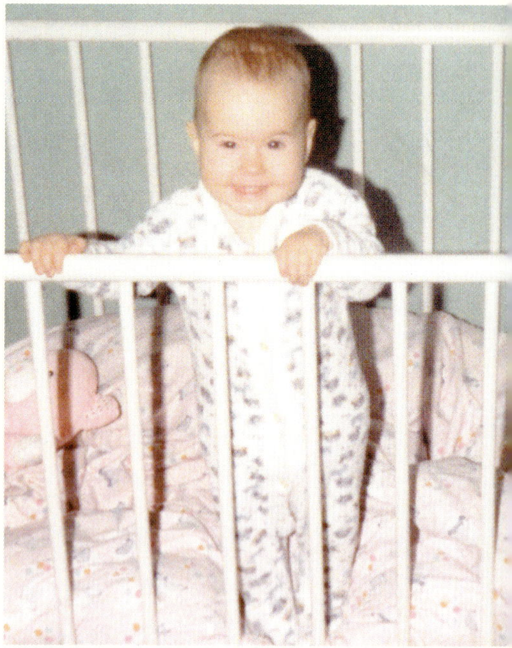

Manchmal steckte man uns auch einfach hinter Gitter.

keine Rücksicht auf Pflanzen, Erde oder irgendwelche anderen Dinge, die uns im Weg waren, nehmen. Wir sausten auf allen Vieren durch die ganze Wohnung und hatten sichtlich Spaß an der Sache. Einen kurzen Krabbelstopp legten wir nur ein, um der in der Ecke gestapelten Zeitungen habhaft zu werden. Eigentlich wurden sie für das Altpapier gesammelt, aber unsere kleinen Hände wurden von der Druckerschwärze magisch angezogen. Damit machten wir der Sammelleidenschaft unserer Eltern einen gehörigen Strich durch die Rechnung und brachten die fein zerteilten Schnipsel und damit Chaos, in jedes Zimmer. Ließen unsere Eltern auch nur aus Versehen etwas liegen, was nicht für uns bestimmt war, so gelang es uns meistens, genau dies zu ergreifen. Der neu erworbenen Freiheit musste also mit allen zur Verfügung stehenden Mitteln Einhalt geboten werden. Denn sie war es ja, die für jede Menge Aufregung oder manchmal sogar für Ärger über den umgefallenen Lieblingspflanztopf bei unseren Müttern sorgte. Zu unserem eigenen Schutz wurden wir dann in der Krabbelbox untergebracht und unserem Freiheitssinn Grenzen gesetzt. Da konnten wir zumindest nichts anstellen, beziehungsweise umwerfen und waren mit Spielsachen wie Rasseln oder abwaschbaren Bilderbüchern, auf denen sich herrlich herumkauen ließ, minutenlang beschäftigt. Mutti konnte sich in der Zwischenzeit in Ruhe um die Schadensbegrenzung kümmern. Bis zum nächsten freien Krabbelgang zumindest.

Als später die Krabbelbox nichts mehr nützte, ging es weiter im Laufgitter. Das war in den meisten Fällen aus Holz und so groß und stabil, dass auch wir uns nicht für größeren Unsinn befreien konnten. Eigentlich hatten wir es darin auch sehr gemütlich, mit unserem Lieblingskuscheltier an der Seite und vielen neuen Spielsachen, damit wir lieb und artig waren. Manchmal gab es dann sogar eine Zeitung zum Zerfetzen. Mutti hatte uns, ob im Laufgitter oder Hochstuhl, immer im Blick und so war die Welt für uns eigentlich in Ordnung und alle Beteiligten waren zufrieden.

Wer steht sicherer, der Turm oder das Kind?

Erste Schritte mit Rundumbetreuung

Mit ca. einem Jahr war es für uns langsam an der Zeit, erste Gehversuche zu unternehmen und unsere Eltern damit in großes Staunen über unsere Talente zu versetzen. Jeden Tag aufs Neue erkundeten wir mehr und mehr auf unseren zwei Beinen die Welt und wurden zu kleinen Riesen. Über Stock oder Stein, PVC-Fußboden oder im besten Falle Flauschteppich, wir machten vor gar nichts Halt und wollten zeigen, dass wir ganz allein stehen und ein paar Schritte laufen konnten. Die meiste Unterstützung bekamen wir noch von unserer lieben Krippentante, die uns geduldig an den Händen aufrechthielt und Schritt für Schritt mit uns gemeinsam in Angriff nahm. Wenn Mama und Papa dann von der Arbeit kamen, wurden unsere Gehversuche von der Familie weiter begleitet und bis zur Perfektion geübt. Anfangs torkelten wir noch so sehr, dass wir wie ein Betrunkener aussahen und drohten, jeden Moment umzukippen, aber mit jedem Schritt waren wir auf dem besten Weg, ein Kindergartenkind zu werden. Dieses nämlich musste laufen und auf den Topf gehen können, so lauteten die Zugangsvoraussetzungen, um hier in der kleinen Gruppe mitspielen zu dürfen. Für uns war das überhaupt kein Problem.

Große Geschäfte wurden am besten mit einem Lächeln auf dem Gesicht erledigt. Wenn das nichts half, durfte nebenbei gespielt werden.

Der zweite Golfkrieg und seine Folgen

Während wir das Laufen lernen, unsere Eltern sich mit der Wende herumschlagen und alles plötzlich anders und neu ist, marschiert der Irak im kleinen, aber ölreichen Nachbarland Kuwait ein. Wenige Stunden nach Beginn der Invasion verabschiedet der UN-Sicherheitsrat die Resolution 660, welche die Invasion verurteilt und einen umgehenden Rückzug der irakischen Truppen verlangt. Als das nichts bewirkt, verabschiedet der Sicherheitsrat am 6. August 1990 die Resolution 661 und verhängt Wirtschaftssanktionen gegen den Irak. Für die UN-Resolution haben 13 Mitglieder gestimmt, Kuba und Jemen enthalten sich der Stimme. Der irakische Rohölexport kommt durch das Wirtschafts- und Finanzembargo zum Erliegen. Die USA unter der Führung von George W. Bush holen zu einem Befreiungsschlag gegen den Irak aus und in einem militärischen Kraftakt mit unzähligen Verlusten auf allen Seiten zwingen sie den Eindringling aus Kuwait schließlich zurück. Der zweite Golfkrieg im Nahen Osten beginnt 1990 und wird 1991 durch eine von den USA geführte Koalition beendet. „Operation Desert Shield" (Wüstenschild) und „Operation Desert Storm" (Wüstensturm) sind die Begriffe für die Militäroperationen der USA. Aufgrund des zweiten Golfkrieges fällt der Karneval in Deutschland aus, schließlich hat niemand mehr Lust zu feiern.

„Kein Blut für Öl"

Der erste Geburtstag zog auch manche Neider an. Aber mit unseren Geschwistern teilten wir gern ein Stück Kuchen.

Geliebte Geschwister

Stets an unserer Seite und damit großes Vorbild waren unsere älteren Geschwister. Einzelkinder waren wir selten, das sollte erst die nachfolgenden Jahrgänge treffen. Wir hingegen prüften die Geduldigkeit unserer Geschwister auf Herz und Nieren, nervten, ärgerten und hatten sie die meiste Zeit über einfach nur lieb. Bruder oder Schwester brachten uns aber auch manchmal Dinge bei, die nicht immer Anklang bei unseren Eltern fanden. Wörter, die wir nicht sagen durften oder Grimassen schneiden, die zum Lachen waren. Größtenteils waren wir ein Herz und eine Seele, hielten zusammen und trieben jeden Spaß auf die Spitze.

Manchmal setzten wir uns aber auch so richtig in Szene, denn langsam kannten wir

Was du machst, das mach ich auch.

unsere Wirkung nach außen. Um die Familie zu begeistern und alle zum Lachen zu bringen, brauchten wir meistens nichts weiter als eine viel zu große Sonnenbrille und modische Klamotten. Schon waren wir der Star und wurden unaufhaltsam fotografiert.

Schon ein kleiner Star. Modische Accessoires waren ein Muss.

Rudi Völler

Ein sportliches Ereignis: Deutschland wird Fußballweltmeister

Am 8. Juli 1990 wird Deutschland im Austragungsort Italien Fußballweltmeister. Mit Teamchef Franz Beckenbauer gewinnt die Bundesrepublik mit einem 1:0-Sieg gegen Argentinien das Endspiel. Zum dritten Mal in Folge steht Deutschland in einem WM-Finale und kann diesmal seinen insgesamt dritten Weltmeister-Titel feiern. Erstmals gelingt es einer europäischen Mannschaft, ein WM-Finale gegen eine südamerikanische Mannschaft zu gewinnen. Mit drei WM-Titeln sowie drei zweiten Plätzen ist Deutschland somit die bis dato erfolgreichste Fußballnation vor Brasilien und Italien, die beide ebenfalls dreifache Weltmeister sind.

Rihanna

Prominente 88er

22. Jan. **Marcel Schmelzer,** deutscher Fußballspieler

20. Feb. **Robyn Rihanna Fenty,** Künstlername Rihanna, amerikanische Sängerin

31. Mai **Anna-Lisa Bund,** deutsche Popsängerin, die als Drittplatzierte der 2007 ausgestrahlten vierten Staffel von Deutschland sucht den Superstar bekannt wurde

22. Juli **Thomas Kraft,** deutscher Fußballspieler

14. Dez. **Vanessa Anne Hudgens,** US-amerikanische Schauspielerin und Sängerin, die im Januar 2006 ihren Durchbruch in High School Musical schaffte

16. Dez. **Anna Katharine Popplewell,** britische Filmschauspielerin

Hab mein Wagen voll geladen. Im Wartburg gab es genügend Platz für mindestens drei Kuscheltiere, die mit in den Urlaub fuhren.

Unsere liebsten Kuscheltiere

Vor allem liebten wir weiche, plüschige Spielkameraden, die Tag und Nacht bei uns waren.

Ob handgearbeiteter Teddy, flauschige Schmusekatze, Hund, Koala, Stoffhase oder ganz exotisch ein roter Elefant, unsere Freunde aus Stoff und stillen Wegbegleiter mussten überall mit hin. Ohne unsere Lieblinge konnten wir weder schlafen, essen, noch einen Fuß in den Kindergarten setzen. Dementsprechend hatten die guten Kuscheltiere eine Menge zu erdulden und wurden mit der Zeit zusehends älter. Aber welche Spuren der Zeit auch an ihnen hafteten, sie blieben für immer in unserer Nähe und waren unsere besten Freunde.

Auch heute noch erinnern wir uns gern an diese ersten wichtigen Begleiter, die uns freundschaftlich zur Seite standen und uns das Gefühl von Sicherheit und Geborgenheit vermittelten. Wenn es der Plüschzustand zuließ, bewahrten unsere klugen Muttis die ersten Stofftiere, an denen wir mehr als an allen anderen gehangen haben, auf. In einer Tüte verstaut, auf dem Dachboden, in der hintersten Schrankecke oder im Keller fielen sie uns hin und wieder bei Aufräum- oder Suchaktionen in die Hände und schenkten uns einen glücklichen Moment des Erinnerns. Manch eines unserer Kuscheltiere sitzt sogar heute noch ganz in unserer Nähe, weil wir es einfach nicht über das Herz gebracht haben, Lebewohl im Schrank zu sagen.

1991–1993

Wir Wendekinder

Das 4. bis 6. Lebensjahr

Ein Platz an der Sonne – Der Kindergarten

Im Alter von drei Jahren lag ein großer Schritt vor uns: Der Kindergarten öffnete seine Tore für uns. Von Montag bis Freitag von morgens bis in den Nachmittag standen jetzt Spiele, Spaß und jede Menge Spannung auf dem Plan und damit war nicht das Überraschungsei gemeint, welches von „drüben" bei uns ankam. Denn obwohl sich die Wende bereits vollzogen hatte, bekamen wir als Kindergartenkinder von den politischen und gesellschaftlichen Veränderungen um uns herum zunächst nicht viel mit. Ohne uns dagegen zu wehren oder Sehnsucht nach Hause zu haben, integrierten wir uns schnell in die „kleine Gruppe" im Kindergarten. Dem Alter entsprechend nach Stufen aufgebaut, war das die erste von insgesamt drei. Mit vielen Jungen und Mädchen aus unserer Altersgruppe spielten wir nun für die nächsten drei Jahre ausgelassen im Kindergarten und bekamen jeden Tag ein anderes Programm geboten. Von Kneten über Malen, Singen und täglichen Aufenthalten an der frischen Luft waren wir rundherum beschäftigt und probierten alles gemeinsam aus.

Nach unserem Empfang in aller Frühe ging es gleich mit dem Spielen los, bis alle von den Kindergärtnerinnen zum Frühstück gerufen wurden. Beim Mittagsschlaf hielten wir uns nicht immer an die vorgegebene Ruhe, lieber schmusten wir mit den mitgebrachten Kuscheltieren und konnten es kaum erwar-

Chronik

1. Januar 1991
Das Stromeinspeisungsgesetz für Erneuerbare Energien (StrEG) tritt in Kraft und fördert entscheidend die Stromerzeugung durch regenerative Energien in Deutschland.

17. Januar 1991
Als Bundeskanzler wird Helmut Kohl vom ersten gesamtdeutschen Bundestag wiedergewählt.

28. Februar 1991
Waffenstillstand mit dem Irak nach dem zweiten Golfkrieg.

31. März 1991
Auflösung des Warschauer Pakts.

12. Juni 1991
In Russland wird zum ersten Mal ein Präsident direkt vom Volk gewählt. Boris Jelzin gewinnt die Wahl mit 55 % der Stimmen.

19. September 1991
Ötzi wird in den Südtiroler Alpen gefunden.

1. Januar 1992
Das Gesetz über die Stasi-Unterlagen tritt in Kraft.

17. Mai 1992
Hans-Dietrich Genscher tritt mit 18 Amtsjahren aus Altersgründen zurück.

29. Juli 1992
Der frühere DDR-Staatschef Erich Honecker wird auf dem Flughafen wegen eines vorliegenden Haftbefehls festgenommen, als er aus seiner Zuflucht in der chilenischen Botschaft in Moskau nach Berlin zurückkehrt.

3. November 1992
Bill Clinton wird zum 42. Präsidenten der USA gewählt.

12. Oktober 1993
In Maastricht entsteht die Europäische Union für ein wirtschaftlich und sozial geeintes Europa.

Gesundes Essen stand auf der Tagesordnung und jeder half mit.

ten, endlich wieder aufstehen zu dürfen. Schließlich wurde nach dem Mittagsschlaf zunächst in Reih und Glied auf dem vielbeschworenen Topf Platz genommen und erst, wenn wirklich jedes von uns Kindern sein Geschäft erledigt hatte, ging es endlich hinaus an die frische Luft zum Spielen. Gleich stürzten wir uns auf Klettergerüst und Sandkasten, denn wer als Erster ankam, bekam auch den besten Platz. Danach gab es beim

Im Freien spielten wir am liebsten.

Nachmittagstee die mitgebrachten belegten Brote, Obst oder Kekse und anschließend ging es noch einmal gemeinschaftlich auf den Topf, bevor wir am späten Nachmittag von Mama, Papa oder Oma abgeholt wurden. Schnurstracks nach Hause, konnten die neu gewonnenen Erfahrungen umgesetzt werden. Als der Sandmann rief, ging der aufregende Tag für uns zu Ende.

Ein Ausflug kann Wunder bewirken.
Zusammen das Ziel erreicht.

Neuauflage für Altbewährtes aus dem Süßigkeitsregal.

Deutsch-deutsche Esskultur

Persipan gegen Marzipan, Rondo-Kaffee gegen Jacobs Krönung, Rotkäppchensekt gegen Mum, Bambina gegen Kinderschokolade, Leckermäulchen gegen Fruchtzwerge, Knusperflocken gegen Choclait Chips, Hausmannskost gegen McDonald's, das ist die Wende in der ostdeutschen Esskultur. Dass Jahre später diese genannten DDR-Produkte eine Renaissance erfahren und sich vorwiegend in ostdeutschen Läden wieder durchsetzen, das ahnt kurz nach der Wende noch niemand. Denn erst einmal werden alle Ost-Produkte gegen die vielen bunten Westwaren ausgetauscht. So wie die zuvor so beliebten Hallorenkugeln aus dem gesicherten Wohnzimmerschrank verbannt und gegen Milkaschokolade eingetauscht werden. Vor allem bei den Süßigkeiten wird zugeschlagen und unsere Zähne werden damit auf eine harte Probe gestellt.

Alles verläuft nach Plan

Längst hatten wir uns gut eingelebt, als wir die zweite Stufe zur „mittleren Gruppe" nahmen. Jetzt waren wir nicht mehr die Kleinsten, zumindest vom Alter her. An den altbewährten Erziehungsvorschriften im Kindergarten änderte sich nichts, die routinierten

Bitte kurz stillsitzen.
Das war nicht unbedingt unsere Stärke.

Pläne und Richtlinien wurden von den Erzieherinnen eingehalten. Wir durften nach dem gemeinsamen Frühstück im Kindergarten herumtoben und spielen, basteln oder turnen. Obwohl unsere Kindergärtnerinnen stets das Wohl und die Zufriedenheit aller Kinder gleichermaßen im Auge hatten, waren kleine Wettkämpfe untereinander ganz normal. Wir zumindest folgten einem streng durchorganisierten Tagesablaufplan, ohne es zu merken. Liebevoll umsorgt, stiegen wir nach einem weiteren Jahr im Kindergarten von der mittleren Kindergartengruppe zur „großen Gruppe" auf und nahmen damit langsam aber sicher jede Hürde.

Was wollen wir heute anstellen?
Wir sind für jeden Schabernack zu haben.

Mein Name ist Hase

Während wir anfingen, einen gewissen kindlichen Dickschädel zu entwickeln und mit unseren gleichaltrigen Spielkameraden die Welt zu erforschen, veränderte sich viel in unserem Land. Die politische und gesellschaftliche Umbruchzeit machte sich langsam bemerkbar. Aber es war ein schleichender Prozess und für uns Kinder kaum nachvollziehbar. Wir waren noch zu jung, um zu begreifen, dass es jetzt plötzlich ganz andere Produkte und ein breiteres Angebot an Lebensmitteln gab. Unser Name war Hase, wir trafen uns lieber mit anderen Kindern zum Streicheaushecken und Spielen. Jeden Morgen bekamen wir unsere Brottasche und den Turnbeutel um den Hals gehangen und marschierten stolz an der elterlichen Hand in einen neuen Tag voller kindlicher Abenteuer. Das war unsere Welt.

Die großen Veränderungen im Land nahmen wir nur am Rande wahr.

Dreiräder, Roller und Miniflitzer

Während wir tagsüber den Kindergarten unsicher machten und uns auf dem Spielplatz behaupten mussten, waren wir in der Freizeit und an den Wochenenden gar nicht mehr zu halten. Bei Wind und Wetter holten wir unse-

Reifendruck okay? Dann kannst du mich ja eine Runde mitnehmen.

Es kann losgehen. Schön am Vordermann festhalten!

ren fahrbaren Untersatz heraus und erkundeten voller Begeisterung die Umgebung. Ob auf dem Land oder in der Stadt, wir nannten Luft- oder schon neuartig Metallroller und Dreiräder unser Eigen. Einige von uns besaßen sogar noch einen Miniflitzer, genannt Liliput, von älteren Geschwistern oder Verwandten, auf dem sie ganz stolz in der Gegend herumfuhren. Schnell wie der Wind, sausten wir den Erwachsenen im Freien auf unseren Fahrzeugen so davon. Oft unternahmen wir auch Roller-Ausflüge mit unseren Freunden, die wir aus der Nachbarschaft oder aus dem Kindergarten kannten, dann konnte man um die Wette fahren und hatte doppelt so viel Spaß.

Unsere ersten Fahrzeuge erbten wir normalerweise von unseren älteren Geschwistern, Cousins und Cousinen oder vom Nachbarn, der auf ein größeres Gefährt umgestiegen war. Wir jedenfalls konnten auf unseren flinken rollenden Gefährten die Strapazierfähigkeit unserer Knochen austesten, wenn es steile Hänge, Schotterpisten oder Matschwege im rasanten Tempo zu erkunden galt. Hatten wir das ohne großen Schaden und sicher überstanden, waren wir bald reif für die erste Testfahrt mit dem Fahrrad.

Einen Liliput zu besitzen war zu einer Seltenheit geworden. Glücklich, wer jemanden kannte, der jemanden kannte, der ihm das coole Gefährt borgte.

Im Märchenland spielt die Musik

Was wir liebten, waren die schönen Vorlesestunden. Abends beim Einschlafen oder im Kindergarten, nichts ging ohne unsere Märchen. Die Gebrüder Grimm kannten wir zwar nicht persönlich, sie hatten es sich aber zur Aufgabe gemacht, uns Kinder mit ihren Märchen zu verzaubern. Rapunzel, Der Gestiefelte Kater, Froschkönig oder Dornröschen – jedes Kind kannte und liebte sie. Neben den altbekannten Märchen, von denen auch unsere Großeltern noch begeistert waren, gab es auch herrliche Gute-Nacht-Geschichten in musikalischer Form als Einschlafhilfe. DDR-Klassiker wie „Der Traumzauberbaum" mit Moosmutzel und Waldwuffel von Reinhard Lakomy standen bei uns wie bei den Erwachsenen hoch im Kurs. Oder erinnern wir uns an die beliebten Kinderlieder, die wir zusammen im Kindergarten sangen, wie „Ein Männlein steht im Walde" oder „Es kommt ein Bi-Ba-Butzemann". Davon bekamen wir einfach nicht genug und textsicher waren wir auf jeden Fall.

Es ist Zeit für eine Gute-Nacht-Geschichte.

Ein kleines Stück Papier oder das Stasipuzzle

Zwischen Herbst 1989 und Januar 1990 findet im Berliner Ministerium für Staatssicherheit eine außergewöhnliche Schredderaktion statt, in der im großen Umfang geheime Stasi-Akten vernichtet werden. Ein Teil der Aktenberge wird sogar von Hand zerrissen, da die Reißwölfe überlastet sind. Auf diese Weise versucht man vertrauliche Informationen, Daten und Angaben über Stasiopfer für immer zu beseitigen. 16 000 Säcke voller Schnipsel sind das Ergebnis. Diese mit der Hand wieder zusammenzusetzen würde 100 Jahre Puzzlearbeit bedeuten. Deshalb hat man 2003 am Fraunhofer-Institut für Produktionsverfahren und Konstruktionstechnik in Berlin ein computergestütztes Rekonstruktionsverfahren entwickelt, welches die Papierfetzen innerhalb von fünf Jahren wieder zusammensetzen könnte. Eine gigantische Herausforderung für Mensch und Maschine.

Sandmann, lieber Sandmann

Natürlich liebten wir unser Sandmännchen, dass uns jeden Abend kurz vor sieben Uhr eine Gute-Nacht-Geschichte nach Hause brachte. Immer schön artig im Schlafanzug vor dem Fernseher Platz genommen, durfte man dieses Ereignis unter gar keinen Umständen verpassen, auch wenn man manchmal die Augen beim Verstreuen des Schlafsandes zugekniffen hat. Unser Sandmännchen mit Pittiplatsch und Schnatterinchen, Mobby, Frau Elster und Herrn Fuchs begleitete uns lange Zeit und versüßte unsere Träume. Auch die Wende und das damit verbundene Verschwinden vieler bekannter DDR-Produkte konnten dem Sandmännchen nichts anhaben. Nach kurzer Sendepause und Protesten vieler Fans konnte sich das

Mit den neuen Sachen spielen und dabei aufmerksam einen Trickfilm anschauen, das ging gleichzeitig.

Groß, klein, mittel, winzig – mindestens eine Diddlmaus hatte jeder.

DDR-Sandmännchen sogar gegenüber seinem Bruder aus dem Westen behaupten. Wir Kinder konnten uns also beruhigt zurücklehnen und sicher sein, den kleinen Mann mit der mondsichelförmigen Mütze und seinem gefüllten Jutesack jeden Abend mit einer neuen Geschichte wiederzusehen.

Die Wende in unserem Spielzeugland

Dass es jetzt besonders viel neues Spielzeug gab, das entging uns Kleinen keineswegs. Die Wende für uns Kinder vollzog sich als Erstes in unserem Spielzeugland. Von Pittiplatsch und Schnatterinchen zu Micky Maus und Donald Duck, das ging reibungslos und innerhalb kurzer Zeit vonstatten. Viele neue Eindrücke und eine aufregende Zeit standen uns bevor und um nichts auf der Welt wollten wir unsere einmal angehäuften Schätze wieder missen. In großen Spielkästen oder unter dem Bett wurden Puppen, Bauklötze, Indianerbanden, Tiere und Autos aus Holz oder Plastik gesammelt, die in unserer Spielzeit allesamt zum Einsatz kamen. In unseren Kinderzimmern wurde es zwar zunehmend voller, aber einen Platz fanden darin alle Figuren, mit denen wir gern spielten. Gleich, ob Neuanschaffung, Relikt vergangener DDR-Geschichte oder Spielsachen, die wir von unseren Geschwistern übernahmen, wir waren von allen Seiten gut versorgt. Was die beliebte Polly Pocket für die Mädchen wurde, das waren nun Bauernhöfe, Hot

Neue Freunde im Kinderzimmer.

Wheelz, Matchboxautos und Dinosaurier in allen Formen, Farben und Größen für die Jungs.

Aber noch andere Neuerscheinungen sorgten für jede Menge Aufregung in unseren Kinderzimmern. Die Rede ist von Barbie, Ken, Playmobil und Lego, die für lange Zeit unsere volle Aufmerksamkeit bekamen. Barbie und Baby Born zogen gleich mit ihrem gesamten Hausstand bei uns ein und wurden von den Puppenmuttis liebevoll gehegt und gepflegt. Die Jungs zogen sich hingegen ins neu errungene Playmobil- oder Legoland zurück, wo sie nach Herzenslust spielen, bauen oder kämpfen konnten. Der eigene Vater, der dieses Spielzeug gleich haufenweise zu uns heranschaffte, musste es vorher allerdings erst selbst ausprobieren oder wurde Stammgast in unserem Kinderzimmer.

Wer auf dem neuesten technischen Stand sein wollte und lange genug bettelte, der bekam einen der tragbaren Mini-Kassettenrekorder. Einmal in unserem Besitz, spielten diese am Tage und zum Leidwesen mancher Eltern auch abends, immer die gleiche Lieblingsmelodie von unseren neu entdeckten Freunden aus dem Spielzeugland: Die Schlümpfe gaben sich ein Stelldichein und wir sangen mit, und auch Arielle die Meerjungfrau und Alf hörten wir rauf und runter. Auf den sagenumwobenen Gameboy musste allerdings bei einem Stückpreis von 159 DM noch länger gespart werden. Dafür gab es Diddlmäuse in allen Größen.

Waren unsere Eltern anfänglich auch skeptisch, und versuchten uns in einer ihnen völlig unbekannten Welt zur Bescheidenheit zu erziehen, so gaben sie bei dem einen oder anderen Spielzeugwunsch doch schließlich nach.

Zeigt her eure Kleider, zeigt her eure Schuh'

Die Grenzöffnung und die damit geschaffene Möglichkeit, sich ein großes Arsenal an diversen Spielsachen zuzulegen, kam uns modebewussten Kleinkindern gerade recht. Unsere Eltern, selbst noch in euphorischer Stimmung, kauften viel und freuten sich über die neuen Dinge genauso wie wir Kinder. In kurzer Zeit wurde aufgeholt, was man gedachte, verpasst zu haben und so häuften sich die Spielsachen in unseren Kinderzimmern. Schnell entwickelte sich eine ausgeprägte Spielzeugbeschaffungsmanie, der trotz der großen Vielfalt der bereits vorhandenen Sachen keine Grenzen mehr gesetzt waren. Auch vor den Kleiderschränken machten die Neuerwerbungen aus den Kaufhäusern des Westens nicht Halt und rasch zogen Disney-Pullover, Socken, Mützen und Hosen bei uns ein. So zogen wir, mit neuen Kleidern und Spielsachen hervorragend ausgestattet, in eine neue Ära der Wendezeit ein, die wir auch nun sichtlich herangewachsen, in unserem kindlichen Alter verstehen konnten.

Disneyparade im Kleiderschrank.

Ein typisches Geburtstagsessen.

Achtung, Kamera! Bitte recht freundlich!

Eine Errungenschaft aus der Wendezeit hat einen ganz besonderen Platz verdient. Mit dem Erwerb dieses Gerätes gehörten die Zeiten, in denen sich die Familie vor dem Fotoalbum oder einer selbstgebauten Diaanlage regelmäßig versammelte, erst einmal der Vergangenheit an. Jeder, der es sich nur halbwegs leisten konnte, musste es besitzen und schaffte sich eines der noch ziemlich unhandlichen Geräte an. Die Rede ist natürlich von der tragbaren Videokamera. Diese neuartige technische Errungenschaft wurde von unseren Eltern wie ein rohes Ei behandelt und kam zu allen sich bietenden Gelegenheiten zum Einsatz. Sobald man sich einigermaßen auf ihre Bedienung verstand, wurde jeder Schritt und Tritt, jede Feier, jeder Anlass, auf Band festgehalten. Die Fotografie interessierte zunächst nicht mehr und besonders unsere Väter waren von der neuen Technik hellauf begeistert. Auf diese Weise häufte sich über die Jahre schier endloses Filmmaterial über uns an.

Ein bisschen Spaß muss sein

Geburtstage und Festtage wie Weihnachten und Ostern waren für uns Kleine überaus wichtige Veranstaltungen, die wir auf keinen Fall verpassen durften. Fiel zum Beispiel der eigene Ehrentag auf einen Wochentag, so saß man gleich von früh an im Mittelpunkt des Geschehens und konnte nach Herzenslust bestimmen, wer von den vielen Spielkameraden heute unser bester Freund sein und was die Kindergartengruppe spielen durfte. Im Kreis aller Kinder wurde man dann besungen und beklatscht. Es gab eine Menge an Kuchen zu vertilgen und der Tag hätte ewig so weitergehen können. Am Abend durften wir sogar noch etwas länger aufbleiben und hielten uns die Hand vor die Augen, wenn das Sandmännchen den Schlafsand verstreute. Allerdings war der eigene Geburtstag so aufregend, dass wir am Abend völlig geschafft von Mama oder Papa ins Bett gebracht wurden.

Am Wochenende ging der ganze Spaß von vorne los, als wir Oma und Opa und mindes-

Falsche Richtung, mehr nach rechts.

tens fünf unserer engsten Freunde aus der Nachbarschaft zum Milchkränzchen eingeladen hatten. Es gab eine wahre Geschenkflut. Im Anschluss an den selbstgebackenen Geburtstagskuchen standen dann ganz im Sinne der Tradition lustige Gesellschaftsspiele wie Blindekuh, Topfklopfen oder Schokoladenwettessen auf dem Plan. Danach gab's meist eine Schnitzeljagd oder Spiele im Freien. Unsere Geburtstage gehörten zu den Schönsten unter einer langen Reihe von Feiern, denn mit einem Zuckerschock ließ es sich herrlich einschlafen.

Ähnlich aufregend ging es auch an Weihnachten zu, als wir im Kreise der Familie mit unseren Geschwistern, Cousins und Cousinen gespannt auf den Weihnachtsmann warteten. Jeden Moment konnte es am späten Nachmittag laut an der Tür klopfen und der Weihnachtsmann hereintreten. Gespannt und mit ängstlichen Augen saßen wir im familiären Kreise und warteten auf das lang ersehnte Spielzeug. Zur Einstimmung durften wir dann auch unsere gelernten Lieder auf der Flöte, dem Glockenspiel oder dem Klavier vortragen, bevor es ans Auspacken ging. Waren wir das Jahr über nicht immer artig, an Weihnachten konnten wir kein Wässerchen trüben und so hatten wir bis spät in den Abend mit den riesigen Geschenkpäckchen zu tun.

Silvester durften wir immer etwas länger aufbleiben.

Weihnachten war für uns das Fest der Feste.

Im Kindergarten war der Fasching einer der Höhepunkte im Jahr.

In der Faschingszeit durfte eine richtige Verkleidung nicht fehlen.

Zur Freude aller Beteiligten

Nicht nur zur Faschingszeit war es für uns ein riesiger Spaß, uns zu verkleiden. Wir zogen uns Kostüme an, die nicht selten unsere Muttis aussuchten und im Kaufhaus besorgten oder selbst schneiderten. Jedes Jahr aufs Neue hatten sie ihren Spaß daran, uns in der närrischen Zeit in die lustigen Verkleidungen zu stecken. Schneewittchen, Rotkäppchen oder eine in Rosa gehaltene Prinzessin waren die Favoriten bei den Mädchen. Indianer, Cowboy oder Pirat sollten es klassischerweise bei den Jungs sein. Der schwarzrote Marienkäfer war ebenfalls sehr beliebt, bei unseren Eltern zumindest. Schön verkleidet marschierten wir am Rosenmontag in den Kindergarten, um gemeinsam in fröhlicher Runde ein buntes Faschingsfest zu feiern. Dem Anlass entsprechend, war von uns Kleinen bis zu den Großen wirklich jeder der Anwesenden passend gekleidet und bunt geschminkt.

Wir, die Vorschulkinder

In der „großen Gruppe" erlebten wir unser letztes Jahr im Kindergarten. Wir sangen Lieder, studierten kleinere Stücke ein und lernten spielerisch jeden Tag etwas dazu. Auf dem Spielplatz konnten wir uns an Klettergerüsten und Schaukeln austoben und draußen rennen oder Fangen mit unseren gleichaltrigen Freunden spielen. Nur eines konnten wir zu dieser Zeit nicht verstehen. Wenn plötzlich ein Spielkamerad fehlte und dieser lieber bei seiner Oma blieb, als mit uns Gro-

In der Spielzeit geht bei uns die Post ab.

ßen wie eh und je den Spielplatz zu erobern. Dass dies aus finanziellen Gründen geschah, davon hatten wir keine Ahnung. Denn der Beitrag für den Kindergartenplatz wurde mittlerweile nach dem Einkommen unserer Eltern gestaffelt und nicht jeder konnte oder wollte sich ihn für seinen Sprössling leisten. Zwar gab es eine einschneidende Veränderung, was die Kosten für unsere Unterbringung anbetraf, aber im Alltag änderte sich für uns Kindergartenkinder nichts. In der „großen Gruppe" zu Vorschulkindern erzogen, hielt man sich nach wie vor an das Prinzip des spielerischen Lernens. Entsprechend gut waren wir auf unsere neue Herausforderung im Leben vorbereitet und beherrschten schon ein paar Zahlen und Buchstaben, die wir gemeinsam mit unseren Erzieherinnen gelernt hatten. Ausmalen, Schneiden, Basteln und Mengeneinheiten kennenlernen machten in der Gruppe großen Spaß. Der eine oder andere wäre sicher gern noch ein bisschen länger unter dem Schutz der vertrauten Erzieherinnen geblieben, aber für alle hieß es doch, allmählich von der Kindergartenzeit Abschied zu nehmen. Unser Leben nahm bald eine Wende und mit der Schule würde für uns eine ganz neue Zeitrechnung beginnen.

Zuckertütenfest im Kindergarten

Eine schöne Abschiedstradition ist das so genannte Zuckertütenfest im Kindergarten. Sinn und Zweck der auch heute noch durchgeführten Veranstaltung ist es, den Vorschulkindern den Abschied vom Kindergarten zu erleichtern und den Einstieg in die Schule schmackhaft zu machen. Viele kleine Zuckertüten werden am Tag des Festes als „Früchte" am „Zuckertütenbaum" aufgehängt und sind mit Leckereien gefüllt. Anschließend wird gemeinsam ein Abschiedsfest mit kleinen Darbietungen und Spielen gefeiert, zu dem auch die Eltern und Großeltern eingeladen werden. Bevor die Kinder in die Schule kommen, ist das Zuckertütenfest eine schöne Abschiedszeremonie von der Kindergartenzeit für Kinder und Erwachsene gleichermaßen.

Wir lernen fürs Leben

Das 7. bis 10. Lebensjahr

Feste absahnen zum Schuleintritt

Die Kindergartenzeit hatten wir hinter uns gelassen und nahmen nun die nächste Etappe in unserem Leben in Angriff. Der Ernst des Lebens begann und wir stiegen zu „erstklassigen" Schulkindern auf. Doch vor dem Gang in die erste Klasse stand erst einmal der feierliche Akt unserer Einschulung mit dem für uns allerwichtigsten Symbol des neuen Lebensabschnittes bevor: der Schultüte, die uns den Einstieg in die Welt des Großwerdens versüßen sollte.

Hübsch der Reihe nach Richtung Schultüte.

Am Samstag, bevor die Schule richtig losgehen sollte, rückten das Fest und der lang erwartete Höhepunkt in greifbare Nähe. Einen Tag vor der feierlichen Zeremonie gaben unsere Eltern die überreich gefüllte Schultüte in der Grundschule ab, wo wir sie am großen Tag von unserer neuen Klassenleiterin überreicht bekamen. Dem wichtigen Ereignis entsprechend hatten sich alle in Schale geworfen. Wir Schulkinder sorgten für die eine oder andere Rührung bei den Eltern, aber auch die

Chronik

1. Januar 1994
Die Deutsche Bundesbahn (West) und die Deutsche Reichsbahn (Ost) werden zum 1. Januar 1994 privatisiert und bilden die Deutsche Bahn AG.

9. Mai 1994
Nelson Mandela wird der erste schwarzafrikanische Präsident Südafrikas.

16. Oktober 1994
Die zweite Bundestagswahl nach der Wiedervereinigung der beiden Teilstaaten Bundesrepublik Deutschland und DDR findet statt. Helmut Kohl bleibt Kanzler.

13. November 1994
Michael Schumacher gewinnt als erster Deutscher die Formel-1-Weltmeisterschaft mit 92 Punkten, nur mit einem Punkt mehr als sein Konkurrent Damon Hill.

25. April 1995
Der erste Castor-Behälter erreicht Gorleben.

3. August 1995
Chaostage in Hannover, bei denen bis zum 6. August mehr als 2000 Teilnehmer randalieren.

23. Juni 1996
Der japanische Videospiel- und Konsolenhersteller Nintendo bringt in den USA den Nintendo 64 auf den Markt.

30. Juni 1996
Deutschland wird im Wembley-Stadion zum dritten Mal Fußball-Europameister durch das erste Golden Goal in der Geschichte, erzielt von Oliver Bierhoff.

5. Juli 1996
Das Klonschaf Dolly wird geboren.

19. Oktober 1996
Greenpeace stellt das erste Dreiliterauto vor.

27. Juli 1997
Jan Ullrich gewinnt als erster Deutscher die Tour de France. Er war mit 23 Jahren zugleich einer der jüngsten Sieger des härtesten Radrennens der Welt.

31. August 1997
Lady Di verunglückt bei einem Autounfall in Paris.

Ziel erreicht. Jetzt schnell noch ein Foto und dann geht's endlich ans Auspacken!

Gäste und Lehrer konnten sich sehen lassen. Da standen wir nun am Tag der Schuleinführung hübsch herausgeputzt und ganz erwartungsvoll und stellten uns ordnungsgemäß auf dem Schulhof oder in der Aula nebeneinander auf. Neugierig versuchten wir auszukundschaften, welche Zuckertüte denn nun bald uns gehören würde. Die Objekte unserer Ungeduld lagen für alle sichtbar in einem Kreis arrangiert. Besonders das oben angebrachte Kuscheltier oder ein großes Spielzeug lugten deutlich heraus und durften auf keiner Tüte fehlen. Dem Einfallsreichtum unserer Eltern waren in Bezug auf das kuschelige Oberhaupt keine Grenzen gesetzt. Da stachen Minni Mäuse heraus, Donald Ducks, gepunktete Hunde oder große Katzen, Robben, Teddys, und bei manchen das eine oder andere Spielzeug.

Als die Begrüßung, Ansprachen, Klassenbesichtigung und feierlichen Programmpunkte abgeschritten waren, wurden wir nacheinander endlich nach vorn gerufen und nahmen

Endlich an der Reihe!
Ich hab die Größte abbekommen!

freudestrahlend die schwere Schultüte in Empfang. Zahlreiche Fotos und Videos sind an diesem denkwürdigen Tag von uns entstanden und sorgen heute noch für manches Schmunzeln, meistens wegen der Kleidung, die wir Kinder an diesem unvergesslichen Tag tragen mussten. Ob Fototermin mit oder ohne Schulkameraden und Familie, die Schultüte war stets im Bilde. Egal, wie schwer sie auch mit der Zeit wurde, aus der Hand gaben wir sie doch nicht mehr.

Kaum hatten wir die schwere Zuckertüte an einen sicheren Ort nach Hause geschleppt, musste diese augenblicklich auf ihren Inhalt untersucht werden. Der nahm schon mal den halben Fußboden in Anspruch, denn neben kleinen Spielsachen und vielen Süßigkeiten befanden sich auch jede Menge Abc-Utensilien wie Rechenstäbchen, Zahlenkarten, Buntstifte und ein Füller darin, die es allesamt gleich auszuprobieren galt. Wenn ein unten versteckter Ball allerdings Platz für andere Wünsche stahl, taten wir das auch enttäuscht unseren Eltern kund. Aber erfahrungsgemäß waren wir mit der Auswahl der Überraschungen in unserer Schultüte sehr zufrieden. Dagegen nahmen wir von den gefüllten Briefumschlägen aus den Reihen der Bekannt- und Verwandtschaft nur am Rande Notiz und ließen unsere Eltern gewähren, sie sicher für uns zu verwahren. Dann endlich konnte im Kreise der Familie gefeiert werden.

Schulranzen und Schwerenöter

Dass die DDR-Schulzeiten, wie sie unsere Eltern noch sehr gut in Erinnerung hatten, nun endgültig vorbei waren, zeigte sich nicht nur an unserer Zuckertüte, die mit den westlichen Waren bis obenhin gefüllt war. Vor allem an den neuen Schulranzen der gängigen Marken McNeill oder Scout, die wir von nun an für die nächsten vier Jahre mit uns herumtragen würden, war der Unterschied zu den vergangenen Zeiten deutlich sichtbar. Sie waren quietschbunt und boten viel Platz. Nun waren wir als Schulkinder in der Nachwendezeit richtig angekommen. Das bekannte Schulsystem gab es nicht mehr und so mussten sich vorwiegend unsere Eltern mit den zahlreichen Neuerungen auseinandersetzen. Wir nahmen die Veränderungen als gegeben hin und fügten uns rasch in den Alltag eines Schulkindes ein. Wir freuten uns auf schwere Schulranzen, harte Bänke, neues Lernmaterial und unsere vielen Klassenkameraden, die wir teilweise schon aus dem Kindergarten kannten. Mit dem Tornister auf dem Rücken machten wir uns jeden Morgen auf den

Das erste Klassenfoto.

Schulweg, lernten fleißig und folgten den Anweisungen der Klassenleiterin – meistens zumindest. Viel Platz auf der kleinen Schulbank nahm dabei unsere große, auffällig bunte Federmappe ein, die aufgeklappt so allerhand zu bieten hatte. Der wichtigste Schreibgegenstand darin war in den meisten Fällen ein Füller von Pelikan oder Lamy, der jedoch erst in der zweiten Klasse zum Einsatz kam. So gut ausgestattet konnte es also richtig losgehen.

Wie im Kindergarten gab es auch in der Schule eine bestimmte Ordnung zu beachten: Artig der Lehrerin zuhören, nicht herumrutschen oder mit dem Banknachbarn quasseln. Das durfte in den großen Pausen alles im Eiltempo nachgeholt werden. Wir lernten zunächst das Alphabet, Lesen, Schreiben, Rechnen und Buchstabieren. Gute Noten zu erlangen und besser als der Banknachbar zu sein, interessierten uns nur am Rande. Spannender war es, Tiere der Heimat kennenzulernen oder Zahlen in die richtige Reihenfolge zu bekommen. Und auch wenn es ab und zu mal Lernschwierigkeiten gab, so wurden wir doch langsam richtige Schulkinder und waren fleißig bei der Sache.

Fleißig wie die Bienchen sammelten wir Smileys in der ersten Klasse.

Noten statt Bienen

Gibt es in der ersten Klasse noch Smileys, Bienchen und Sternchen für gut erledigte Schulaufgaben, werden im zweiten Halbjahr der zweiten Klasse die Schulnoten eingeführt. Möglichst artig, fleißig und aufmerksam soll man allerdings in jeder Klasse sein, denn ein sogenanntes „Worturteil" gibt es jedes Halbjahr. Die vier Kopfnoten Fleiß, Mitarbeit, Betragen und Ordnung aus dem DDR-Schulsystem werden nach der Wende 1989 zunächst abgeschafft, später dann aber je nach Bundesland wieder eingeführt. Das angepasste Notensystem umfasst die Noten eins bis sechs, in der DDR waren es noch fünf Noten.

Einmal lächeln fürs Gruppenfoto, bevor es weiter an die Hausaufgaben geht.

Einfach mal die Seele baumeln lassen. Ein echter Urlaubsschnappschuss.

Ein lauschiges Plätzchen – der Schulhort

Im Anschluss an die Schule, die bis in die Mittagsstunden ging, wurden nur wenige Kinder von den Eltern abgeholt, um zu Hause zu spielen oder zu lernen. Viele unserer Eltern waren berufstätig und mussten uns in guten Händen wissen. Dafür gab es den aus DDR-Zeiten bekannten Schulhort, in den wir gleich nach Schulschluss gingen. Diese zusätzliche Einrichtung der Schule bot Kindern bis zur vierten Klasse eine Nachmittagsbeschäftigung unter fachkundiger Aufsicht. Allerdings war der Schulhort, im Gegensatz zu früheren DDR-Zeiten, mit erheblichen Kosten verbunden. Dafür waren wir rundherum gut versorgt. Nach dem Mittagessen bekamen wir Hausaufgabenbetreuung, übten gemeinsam für Klassenarbeiten und es gab eine große Auswahl an Spielen und gemeinsamen Aktivitäten. Die Hortnerinnen standen uns dabei mit Rat und Tat zur Seite.

Ferienzeit ist die schönste Zeit

Die schöne Ferienzeit konnte für uns Kinder gar nicht lange genug gehen. Endlich mal die Schule vergessen und sich wichtigeren Dingen zuwenden, wie spielen, herumtoben und sich mit Freunden treffen. Manche von uns verbrachten die Ferien bei Oma und Opa auf dem Land oder bei Onkel und Tante in der Stadt, denn schließlich konnten sich unsere Eltern nicht die ganze Ferienzeit frei nehmen und mit uns etwas unternehmen. Immerhin standen in den Sommerferien ganze sechs Wochen zur freien Verfügung, die es auszufüllen galt. Viele von uns gingen in den Ferienhort, wo vom Basteln über Spiele im

Mein neuer Name spricht Bände.

Freien, Museumsausflüge und Schwimmbadbesuchen alles unter Aufsicht angeboten wurde.

Ferien auf dem Land waren auch sehr beliebt und recht abenteuerlich, weil es viel zu entdecken gab. Längst hatten wir neue Ferienbekanntschaften geschlossen und machten die Gegend auf unseren Erkundungstouren unsicher. Spiele im Wald oder Tiere in der Nachbarschaft zu streicheln und zu füttern, gehörten natürlich dazu. Wohnten wir in der Stadt und hatten keine Verwandten auf dem Land, ging es eben mit den Nachbarskindern gut ausgerüstet mit Fahrrad und Ball auf den Spielplatz oder in den nächstgelegenen Park zum ausgelassenen Spiel. Frische Luft bekamen wir auf jeden Fall, auch wenn einige von uns viel Zeit vor dem Fernseher verbrachten, so wurden wir doch ab und zu von unseren Eltern hinausgeschickt. Ob mit dem Fahrrad oder zu Fuß – herumtoben im Freien musste sein. Es gab allerhand an Spiel und Spaß aufzuholen und gerade die Ferienzeit war doch die schönste Zeit. Erholt und zufrieden konnte es dann in die nächste Schulrunde gehen.

Auch Radtouren gehörten zum Ferienprogramm.

Mit Freunden im Bad treffen und den Spielplatz unsicher machen gehörten in den Ferien dazu.

Urlaub an der See

Mit unseren Eltern, Großeltern oder Verwandten zusammen ging es für uns Kinder fast jedes Jahr auf eine große Abenteuerreise. Im Sommer waren wir gern am Strand und am Meer, manchmal tat es auch ein großer See. Nach Herzenslust plantschten wir im kühlen Nass, bauten mit anderen Kindern Sandburgen oder erkundeten die Gegend auf einer kleinen Radtour. Auch Tierebeobachten war drin. Abends gab es zur Stärkung frischen Fisch, den unser Vater oder Opa wohl am liebsten selbst geangelt hätte. An heißen Strandnachmittagen allerdings hatten wir so viele Kugeln Eis verdrückt, dass nichts mehr reinpasste. Höchstens ein

Bei jedem Wetter in der Ostsee baden, für uns ein Riesenspaß.

Für uns konnte der Schnee nicht hoch genug liegen.

Fischstäbchen oder zwei. Am nächsten Schönwettertag spielten wir wieder im Sand, während sich der Rest der Familie von den Strapazen des Alltags oder von uns erholen konnte. Das Schwimmen beherrschten die meisten von uns längst, obwohl es nur unter Aufsicht ins kühle Nass ging. Zu unseren Lieblingsbeschäftigungen im Wasser gehörten Luftmatratzenfahrten, wo wir uns neben Bruder oder Schwester ausgelassen durch eigenen Beinantrieb über kleinere Wellen kämpften. Ansonsten hatten wir den ganzen Tag über genug damit zu tun, Sandburgen zu bauen, mit neuen Freunden zu spielen und Quallen zu beobachten.

Schneewalzer

Auch im Winter gab es eine Menge zu erleben, wenn wir mit unseren Eltern in die Berge fuhren. Beliebt waren der Schwarzwald, das Fichtelgebirge oder Österreich, wo der Schnee meterhoch reichte. Damit ließ uns die weiße Pracht immer genügend Spielraum für unsere Aktivitäten und nicht selten kam der neue Schlitten, den wir zu Weihnachten bekommen hatten, zum Einsatz. Wir trauten uns schneller als manch Erwachsener, auf Skiern den Berg hinabzusausen, genauso wie eine Schneeballschlacht mit einheimischen Kindern anzufangen. Während sich Mutti ausruhte und an der Hütte sonnte, konnten wir einen großen Schneemann bauen, mit allem, was dazugehört. Besonders Schlittschuhfahren oder Nachtschlittenfahrten machten uns riesigen Spaß, wenn wir mit der ganzen Familie zusammen waren und extra lange aufbleiben durften.

Reisen ohne Grenzen

Einen Teil der Sommerferien verbrachten wir gemeinsam mit unseren Eltern und Geschwistern, mit denen wir im besten Fall um die halbe Welt reisten und ferne Länder kennenlernten. Erholungsurlaub an der Ost- oder Nordsee war nach wie vor sehr beliebt. Ob wir mit dem altbekannten Klappfix oder mit einem voll beladenen Auto unterwegs waren,

Ob Ostsee oder Mittelmeer: Hauptsache Wasser.

In den Hotelanlagen gab es manchmal auch einen Billiardtisch.

Unsere Eltern sorgten stets für unseren Reisespaß. Ganz besonders aufregend war es aber für uns, wenn es mit dem Flugzeug auf eine südliche Insel ging. Reiseziele wie Spanien, Griechenland oder Italien wollten gesehen und von uns erkundet werden. In den kinderfreundlichen Hotelanlagen hatten wir Rabauken jeden Tag ein volles Animationsprogramm zu absolvieren, wenn wir nicht gerade mit unseren Eltern unterwegs waren. So konnten diese sich am Pool entspannen und wir uns mit anderen Kindern des Hotels anfreunden und zusammen austoben. Beschäftigung gab es genügend. Ob Billard-, Tischtennisturnier oder Malwettbewerb, Ballspiele oder erwachsene Hotelgäste ärgern, wir waren in guten Händen und beaufsichtigt. Allerdings bekamen unsere Eltern mit den vielfältigen Möglichkeiten des unbegrenzten Reisens auch die Qual der Wahl. Hatten sie sich einmal entschieden, blieb der gebuchte Familienurlaub in einem sonnigen Land stets etwas Besonderes und lange in Erinnerung.

Trendsport Inlineskaten

Was früher die Rollschuhe waren, sind in den 90ern die Inliner geworden. Die beliebte Sportart wird auch als Rollerskaten oder Rollerbladen bezeichnet und macht es möglich, sich als Verkehrsteilnehmer schnell fortzubewegen. Bei den Inlineskates sind die Rollen in einer Reihe (engl. in line) angeordnet, im Gegensatz zu den altbekannten Rollschuhen, wo sie paarweise angeordnet sind. Diese Trendsportart verbreitet sich in den 90er Jahren von Amerika aus in die ganze Welt. 1995 werden in Deutschland 3,5 Millionen Inlineskates verkauft. Mit der richtigen Schutzkleidung wie Helm, Hand- und Knieschützern ausgestattet fährt es sich am besten auf glatten, asphaltierten Wegen und Straßen.

Wir waren sportlich und sammelten fleißig Urkunden.

Die Welt der Geschichten

Kinderbücher, die herrliche Geschichten erzählen, in das Land der Phantasie entführen und für glückliche Lesestunden sorgen, sind auch für unsere Generation von großer Bedeutung. Neben der Schullektüre gibt es zahllose Bücher für uns Leseratten aus Ost und West. Beliebte Kinderbücher sind zum Beispiel Gerhard Baumgarts „Alfons Zitterbacke", „Der Zauberer der Smaragdenstadt" von Alexander Wolkow, Astrid Lindgrens „Pippi Langstrumpf", „Emil und die Detektive" und „Das fliegende Klassenzimmer" von Erich Kästner. Spannung versprechen „Fünf Freunde" oder „Die drei ???". Die volkstümlichen Hausmärchen der Gebrüder Grimm nehmen einen gesonderten Platz ein, denn dafür ist man nie zu alt.

Neben den beliebten Bestsellern gibt es auch eine große Auswahl an Kinderzeitschriften, wie „Bummi", „Trommel" und „Fix und Foxi" für die Kleinen oder „Wendy", „Lissy", Donald Duck- und Micky Maus-Magazine für die Größeren.

Für Lesemuffel entführen Hörspielkassetten ins Reich der Geschichten: Von „Bibi Blocksberg" über „TKKG" bis hin zu „Rübezahl" oder „Ali Baba und die vierzig Räuber". Die Auswahl ist riesig.

Spiele, Spaß und Spannung

Es gab viele Spiele, die uns Kinder wie schon die Generationen vor uns in ihren Bann zogen. Eine von den Eltern organisierte Schnitzeljagd zum Beispiel. Bei den Mädchen beliebt war auch der Hüpfegummi oder Gummitwist. Diese lustige Freizeitbeschäftigung konnten wir überall draußen zu dritt oder zu viert spielen. Für das Spiel wurde nur ein weißer Hüpfgummi gebraucht, der so gut wie nichts kostete. Es stellten sich zwei Kinder gegenüber auf, den weißen Hüpfgummi um die Beine fest gespannt und die übrigen konnten der Reihe nach verschiedene Figuren hüpfen, wie wir sie einst von den großen Schwestern beigebracht bekamen. Ziel war es, die sogenannte Choreographie fehlerlos durchzuhal-

Schaut her, was ich gefunden habe!

ten. Verhüpfte sich allerdings ein Mädchen, war die Nächste an der Reihe. Die Jungs unterdessen trafen sich auf dem Fußballplatz zum Bolzen und hatten mit Mädchenspielen nicht viel im Sinn. Außer zum Versteckspiel. Egal, ob in der Stadt oder auf dem Land, Junge oder Mädchen, verstecken machte immer Spaß. Wir waren viel draußen unterwegs, versuchten auf dem neuen Skateboard an Geschwindigkeit zu gewinnen oder auf den Inlinern die Balance zu halten. Spannend wurde es, wenn wir uns mutig einer Rampe näherten. Wir luden natürlich auch Freunde zu uns nach Hause zum Spielen ein. Dann zogen wir uns entweder ins Barbie-Traumhaus zurück oder ins Legoland. Geduldiges Puzzeln hingegen konnten wir für uns allein oder mit den Geschwistern.

Ein Junge mit runder Brille verzaubert uns

Im Jahr 1997 sorgt die englische Autorin J.R. Rowling mit einem Buch über den Zauberlehrling Harry Potter auf der ganzen Welt für Schlagzeilen und verändert die Lesegewohnheiten ganzer Generationen. Plötzlich interessieren sich Kinder für dicke Bücher und werden mit den spannenden Geschichten über den jungen Zauberer und seine Freunde zum Lesen animiert. Es folgen bis 2007 sechs weitere Harry-Potter-Bände. Viele Kinder, Jugendliche und auch Erwachsene werden zu Harry-Potter-Fans und können das Erscheinen der Folgebände kaum erwarten. Ein regelrechter Starkult entsteht um Harry Potter und Co. Harry Potter erobert auch die Kinos. Die Autorin, die als Sozialhilfeempfängerin zu schreiben begonnen hat, genießt mittlerweile Starkult und ist reicher als die Queen von England.

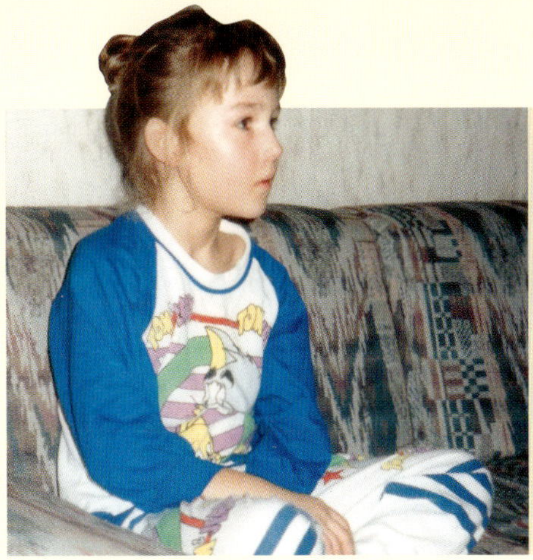

Bitte nicht stören, ich schau' gerade meinen Lieblingstrickfilm.

Freizeit mit Fernsehen und Video

Langsam entdeckten wir auch das aufregende Unterhaltungsprogramm aus dem Flimmerkasten für uns. Die Geschichten von Biene Maja, Winnie Puuh und Pippi Langstrumpf genügten uns Kindern schon lange nicht mehr. Meist hatten sich unsere Eltern einen neuen Fernseher zugelegt, auf dem die Informationsflut gestochen scharf bei uns im Wohnzimmer ankam. Die Sendung mit der Maus oder die Sesamstraße ließen sich unsere Eltern noch gefallen, aber oft gab es auch Unstimmigkeiten über das Programm. Spezielle Kindersendungen und auch Tiersendungen fanden wir sehr spannend, dazu erfreuten sich Märchenfilme in der Ferienzeit großer Beliebtheit. Besaßen dann die Eltern noch einen Videorekorder, war es um die Spielzeit restlos geschehen. Es gab alles auf VHS-Kassette. So wurden von uns Disneyfilme wie Cinderella, König der Löwen, Alice im Wunderland, 101 Dalmatiner, Aladin und Das Dschungelbuch hoch und runtergeschaut, sodass wir wir die Dialoge von unseren animierten Helden bald auswendig kannten.

1998-2001

Vom Kind zum Teenager

Das 11. bis 14. Lebensjahr

Schulwechsel

Nach der vierten Klasse stand für uns ein Schulwechsel an. Die erlangten Noten aus der Grundschulzeit entschieden darüber, welche Schule wir in Zukunft besuchen sollten. Von nun an gingen wir getrennte Wege, denn während einige Mitschüler auf die Haupt- oder Realschule gingen, besuchten andere die Gesamtschule oder das Gymnasium. Gleich welcher Schultyp, leicht war es zunächst für niemanden, sich in der neuen Schule zurechtzufinden: Wir hatten mehr Schulfächer und mehr Lernstoff zu bewältigen, wir mussten uns an die vielen neuen Lehrer und Lehrerinnen gewöhnen, und wir waren keine Hortkinder mehr. Aber das Schlimmste war, wir waren wieder die Kleinsten auf dem Pausenhof.

Abschied von der Grundschulzeit.

Aufmerksam zuhören und gerade sitzen stand auch in der neuen Schule auf dem Plan.

Chronik

2. Mai 1998
Der 1. FC Kaiserslautern wird als erster Aufsteiger der Geschichte Deutscher Fußballmeister.

7. September1998
Google wird gegründet.

1. August 1998
In den deutschsprachigen Ländern tritt die Rechtschreibreform in Kraft.

1. Januar 1999
Der Euro wird in elf Staaten der EU als Buchgeld eingeführt.

23. Mai 1999
50-jähriges Jubiläum der Gründung der Bundesrepublik Deutschland.

31. Dezember 1999
Boris Jelzin tritt zurück. Neuer Präsident in Russland wird Wladimir Putin.

15. September 2000
199 Nationen nehmen an den XXVII. Olympischen Sommerspielen in Sydney teil.

24. November 2000
Der erste BSE-Fall wird in Deutschland bekannt.

12. Dezember 2000
Eine Entscheidung des Supreme Court macht George W. Bush zum neuen Präsidenten der Vereinigten Staaten.

1. Januar 2001
Um Mitternacht beginnt das 21. Jahrhundert und das 3. Jahrtausend nach Christus.

6. April 2001
In der Geschichte der Bundesliga tritt eine Mannschaft, Energie Cottbus, zum ersten Mal ohne einen einzigen deutschen Spieler an.

11. September 2001
Terroranschläge in den USA auf das World Trade Center und das Pentagon fordern über 3000 Menschenleben.

Volleyball spielen am Strand, hinter uns rauscht das Meer – das war richtiger Urlaub.

Jugend- oder Sportlager – eine freie Entscheidung

In den Sommer- und Winterferien gab es zahlreiche Angebote für uns Heranwachsende, die eine Menge Unterhaltung, sportliche Betätigung und viel Spaß mit unseren Freunden versprachen. Längst waren die Ferienlager, in denen unsere älteren Geschwister noch zu Gast waren, privatisiert und in sogenannte Jugendlager umbenannt worden. Die

Für Abwechslung war im Ferienlager immer gesorgt.

Am Lagerfeuer sitzen und warten bis der Teig durch war, machte großen Spaß.

Privatisierung bedeutete, einerseits eine große Auswahl an Ferienangeboten zu haben, die man allerdings selbst einholen und um die man sich kümmern musste. Andererseits wurden die Jugendlager in ihrer Form nicht mehr vom Staat unterstützt, so dass schließlich je nach Geldbeutel entschieden wurde, wohin uns die Reise in den nächsten Wochen führen sollte. Ob wir mit unseren engsten Freunden ins Jugendlager nach „Malle" reisten oder lieber ins Sportlager auf Rügen, das war uns Teenies selbst überlassen. Wir hatten die freie Wahl und konnten uns zwischen christlichem Ferienlager, Jugend- oder Sportlager entscheiden. Das Rundumbetreuungspaket konnte dann über einen Reiseveranstalter gebucht werden oder über die Vereine, in denen wir Mitglieder waren. Zumindest wenn die Entscheidungsberechtigten mit der Wahl einverstanden waren und den Betrag überwiesen hatten, konnte es endlich auf Reisen gehen. Ganz gleich, ob die Bettenhochburg auf Mallorca oder Feldbetten in Finsterbergen von uns auserkoren wurden, meistens waren wir mit unserer Entscheidung zufrieden und froh, einmal weg von zu Hause nicht unter elterlicher Aufsicht zu sein. Betreut wurden wir meist von jungen Gruppenleitern, die nicht minder autoritär, aber freundschaftlich zu uns waren. Umgeben von einigen Freunden und neuen Gesichtern, gab es Lagerfeueratmosphäre nach einem spannenden Tag voller Erlebnisse. Wir schlugen uns tapfer an Spielabenden, gingen wandern, feierten übermütige Partys und mancher tanzte seinen ersten Blues oder machte seinen ersten Strandspaziergang händchenhaltend in den Sonnenuntergang mit der neuen jungen Liebe. Sportliche Aktivitäten wie Kanufahren, Schwimmen und Volleyballspielen ließen zudem keine Spur von Heimweh aufkommen.

Beim Gameboyspielen waren wir immer hochkonzentriert, denn nur wer die meisten Punkte vorweisen konnte, war Champion.

Im Zeitalter von Gameboy und Co.

Ein unbedingtes Muss war für uns Kinder im Alter von ca. zehn bis zwölf Jahren ein Gameboy. Frisch auf dem Markt, hatte er zwar mit 159 DM einen stolzen Preis und nicht jeder konnte sich den Betrag aus dem Ärmel schütteln. Aber wir bettelten so lange um dieses elektronische Spielzeug, bis wir es schließlich bekamen. Manche von unseren Freunden hatten natürlich vor uns eines, und so blickten wir etwas neidisch, wenn jemand den viereckigen Kasten stolz präsentierte, mit dem es sich sehr gut allein spielen ließ. Aber Geduld ist eine Tugend und so warteten wir, bis sich der nun schon bunte Traum auch für uns erfüllte. Insbesondere an Weihnachten oder Geburtstagen war die Hoffnung groß und mancher von uns wurde für seine Geduld von den Eltern belohnt. Fasziniert und auch irritiert schauten dann Mama oder Papa auf ihren Sprössling, der den ganzen Tag mit dem Gameboy Tetris u.a. spielte und ihn nicht wieder aus den Händen geben wollte. Der begehrte Gameboy Classic in seinen unterschiedlichen Designs war allerdings erst der Anfang, es gab immer neue Ausführungen, Spiele und Programme, die wir unbedingt ausprobieren wollten. Wer wohl der beste und schnellste Gameboyspieler war? Das entschieden am Ende immer die Punkte.

Nintendo 64 und Pokémons

1997 kommt in Europa der Nintendo 64 auf den Markt, eine Videospielkonsole, die in Konkurrenz zur Sony PlayStation steht. Nintendo 64 wird durch Spiele wie „The Legend of Zelda" ein Publikumserfolg. Zum Release des Nintendo 64 erscheint auch Super Mario 64, welches das erste 3D-Jump'n'Run-Spiel ist.

Nachdem der viel kleinere und handlichere Gameboy Pocket erscheint, kommt 1997 ein neues und völlig unbekanntes Spiel heraus, die „Pocket Monsters", kurz Pokémon, erobern fast jedes Spielerherz. Auch Spiele wie Ocarina of Time oder Mario Kart 64 sind nach wie vor beliebt. 1998 veröffentlicht Nintendo den Gameboy Color, mit farbigem Display und einem schnelleren Prozessor als sein Vorgänger.

Neuer Look fürs Jugendzimmer

Der Sprung vom Kinder- zum Jugendzimmer vollzog sich für die meisten von uns zwischen zwölf und 14 Jahren. Teilten wir unser Zimmer mit Bruder oder Schwester, so war es dennoch an der Zeit, unsere vier Wände dem

Die Farben in unserem Zimmer durften wir selbst bestimmen, warum also nicht gleich selbst malern?

Alter anzupassen und eigene Wünsche durchzusetzen. Zumindest was die Farbe und Dekoration in unserem Zimmer anbetraf, brauchten wir dringend eine Umgestaltung. In unserem Alter war es unverkennbar, dass wir nun aus den Kinderschuhen herausgewachsen waren, und die Disneyparade an der Wand zwar ganz niedlich, aber überhaupt nicht mehr zeitgemäß war. Rasch musste eine neue Tapete oder neue Farbe an die Wand und manch ein neues Möbelstück rundete den individuellen Look im hippen Jugendzimmer erst richtig ab. Wir wussten genau, was wir wollten und waren froh, als es bei der besten Freundin oder dem besten Kumpel gut ankam. Mit dem neuen Zimmer stand unserer beginnenden Teenie-Zeit nichts mehr im Wege.

Spiel des Lebens.

Spiele-Klassiker

Neben den gängigen Klassikern wie „Mau-Mau", „Mensch ärgere dich nicht", „Stadt, Land, Fluss" und anderen altbekannten Brettspielen, kommen jährlich unzählige neue dazu. Eines der beliebtesten ist zu unserer Zeit „Das Spiel des Lebens", bei dem sich die Spieler vom Abitur bis zum Ruhestand durchschlagen und um voranzukommen, an einem Glücksrad drehen müssen. Ziel ist es, schnell den Ruhestand mit einem angehäuften Vermögen zu erlangen. Auch „Monopoly", zu DDR-Zeiten zwar nicht im Handel, aber umso beliebter, ist eines der erfolgreichsten Gesellschaftsspiele weltweit. Hier wollen die begeisterten Spieler ihre Gegner in die Insolvenz treiben und selbst riesige Eigentümer erwerben. Dazu werden Straßen gekauft, ins Gefängnis gewandert und hohe Mieten vom Mitspieler kassiert. Manchmal geht's zurück auf Los. Die Fast-Food-Kette McDonald's führt immer wieder Monopoly-Aktionen durch, bei dem echte Preise auf dem Spiel stehen. Das Strategiespiel „Risiko" ist ein Brettspiel, in dem zwei bis sechs Spieler versuchen, Länder und Kontinente in ihren Besitz zu bringen. Ziel bei diesem Spiel ist es, die Welt zu erobern. Zumindest auf dem Brett. Mögen die Spiele also beginnen.

Computer, die begeistern

Den besten Freund oder die beste Freundin konnte der Computer zwar nicht für uns ersetzen, aber der Umgang mit einem PC wurde für uns mit der Zeit selbstverständlich. Von älteren Geschwistern eingeführt, verbrachten wir viele Stunden vor dem Gerät, welches für einen hohen Preis von 3000 bis 4000 DM im elterlichen Haushalt Einzug gehalten hatte. Für die Moorhuhnjagd und Super Mario ließen wir auch unseren Gameboy liegen, vergaßen unsere Verabredungen und waren tief versunken im ultimativen Spielrausch. Bis sich eines unserer Geschwister bei den Eltern über uns beschwerte und wir den Platz frei geben mussten. So lange aber konnten wir der neuen Lieblingsbeschäftigung frönen, bis der Joystick glühte und das Spiel mit hoher Punktzahl für uns gewonnen war. Auch Kartenspiele wie Solitär und das Computerspiel Simscity zogen uns in ihren Bann. Zudem häuften sich mit der Zeit die gestellten Schulaufgaben, die besser mit Hilfe des Internets abgeleistet werden konnten.

Ein Computer war also unverzichtbar, damit wir das World Wide Web für uns entdecken konnten. Meist waren wir mit den Errungenschaften unserer Zeit schneller vertraut als unsere Eltern, die sich an die neue Technik erst langsam gewöhnen mussten. Falls sich ihnen überhaupt einmal die Gelegenheit bot, sich mit dem Internet zu beschäftigen, denn größtenteils hielten wir Kids mit unseren Geschwistern oder Freunden den begehrten Platz vorm Computer besetzt.

Heute würden wir alles abstreiten, aber damals waren wir verrückt nach ihnen.

Von Groups und Groupies

Mit Donnie Wahlberg, Jonathan und Jordan Knight, Danny Wood und Joey hat 1986 alles angefangen. Die fünf Jungs aus Boston, die zusammen die „New Kids on the Block" bilden, sorgen als eine der ersten erfolgreichen Boygroups für weltweites Aufsehen und geben mit ihrer einprägsamen Konstellation den ultimativen Startschuss für alle weiteren. Zwischen Anfang und Mitte der 90er Jahre betreten wie auf Knopfdruck und vom Erfolg der New Kids inspiriert, unzählige Bands nun die Showbühne. Es gibt einen richtigen Bandboom und sie alle haben es sich zum Ziel gemacht, mit dem richtigen Ton und dem perfekten Aussehen die Herzen ihrer Fans im Sturm zu erobern. Mit ihrem jungenhaften Charme und einer tollen Choreographie gelingt es ihnen auf musikalische Weise, sich nicht nur bei uns Teenies ins Gedächtnis zu brennen. Denken wir nur an Take That oder die Backstreet Boys, an East 17, Caught in the Act und 'Nsync – wo immer sie auftauchten sind Kreischalarm, Ohnmachtsanfälle und zittrige Hände vor allem bei den Mädels an der Tagesordnung.

Mittlerweile haben sich einige dieser Bands aufgelöst, andere wieder zusammengefunden und manches Bandmitglied hat es als Solokünstler zu noch größerem Ruhm gebracht, wie Robbie Williams oder Justin Timberlake.

Der gemeinsame Blick in die Welt der Stars. Jugendzeitschriften durften auf keinen Fall fehlen.

Neuigkeiten von unseren Stars und Sternchen

Jede Woche kamen für uns neue Magazine heraus, die uns immer auf den aktuellen Stand unserer Stars und Sternchen brachten. Wer von uns Interessierten mitreden wollte, kam um die beliebten Jugendzeitschriften einfach nicht herum. Wir ließen sie meist von jemandem aus der Familie mitbringen und waren schon ganz heiß auf die Neuigkeiten aus der Teenie-Welt. Für die Mädchen gab es „Girl", „Popcorn" und „Mädchen" zu kaufen, bei den Jungs waren zu Anfang noch „Geolino" und später dann Wissenschafts- oder Sportzeitschriften angesagt. Es gab auch eine Zeitschrift, die bei beiden Geschlechtern sehr beliebt war. Nicht nur wegen ihrer vielen Poster, die unsere Zimmer schmückten, sondern auch, weil wir Rat fanden und des Öfteren heimlich einen Blick auf die Ratschläge vom Dr.-Sommer-Team werfen konnten. Die Rede ist natürlich von der Jugendzeitschrift „Bravo", die wöchentlich erschien. Besonders spannend war darin die deutsche Übersetzung eines gerade angesagten amerikanischen oder englischen Hits und wir freuten uns ebenso auf eine neue Lovestory von Mädchen und Jungs in unserem Alter. Es war ein schönes Gefühl, die „Bravo" durchzublättern und ganz nah an den Idolen zu sein. Wir waren auf Du und Du mit den angesagten Spice Girls, Blümchen und der Gruppe Echt, ebenso wie mit Christina Aguilera und Jason Priestley. Und wer hatte kein Poster von den Backstreet Boys, Britney Spears oder später Eminem in seinem Zimmer aus der „Bravo"? Musiknews, Starschnitte und tolle Poster in einem Blatt, das gab's alles für uns.

Unter Freunden

Neben Hausaufgabenmachen und Lernen trafen wir uns gern mit Freunden aus der Schule und der Nachbarschaft zum gemeinsamen Abhängen. Ob wir dabei einen Film anschauten, oder die ganze Zeit vor dem Computer hockten, wir hatten jede Menge Spaß. Oft teilten wir ein Hobby, wie Fahrradfahren oder Schwimmen. Überhaupt wurde auf unsere sportliche Begabung viel Wert gelegt. Wir wurden in Schwimm,- Tanz- und Leichtathletikgruppen eingeteilt und vom jeweiligen Verein gefördert. Hier konnten wir unser Können gemeinsam unter Beweis stellen. Ob Musik- oder Sportschule, das war eine Frage des Talents. Auch die Kinder vom Land nahmen an sportlichen Aktivitäten teil, selbst wenn es hieß, längere Fahrtzeiten in Kauf zu nehmen. Dann bildete man eben Fahrgemeinschaften oder studierte Busfahrpläne. Für ein Fußballturnier war kein Weg zu weit. Die Stadtjugend dagegen hatte alles gleich vor Ort und konnte sich in einem der

Treffpunkt: Beachvolleyball.

So sehen Sieger aus. Im Schwimmverein auf Goldkurs.

neu erbauten Schwimmbäder treffen oder zum Basketballspielen mit seinem besten Kumpel um die Ecke laufen.

Wir gingen gemeinsam ins Kino und kamen nun auch in das Alter, in dem die ersten kleinen Geburtstagspartys mit Freunden gefeiert wurden, die wir auf keinen Fall verpassen wollten, erhöhte sich damit doch auch unsere Chance auf den ersten Kuss.

Unsere Kinohits

Star Wars Episode I – Die dunkle Bedrohung
Die Mumie
Matrix
Gladiator
X-Men – Der Film
Der Grinch
Der Schuh des Manitu
Harry Potter und der Stein der Weisen

Im Wasser machte uns so schnell niemand etwas vor.

Judo war ein beliebter Kampfsport, bei dem sich Kräfte messen ließen.

Sportliche Sammelleidenschaft

Wir sammelten neben Euromünzen und Postern auch jede Menge anderer für uns wertvolle Dinge. Briefmarken hatten längst ausgedient und konnten uns nicht mehr locken, wir stürzten uns lieber auf coole Sticker in allen möglichen Variationen. Es gab Verschiedenes anzuhäufen, hauptsächlich horteten wir die vielen Aufkleber in unserem Sammelalbum, bis es wegen Überfüllung geschlossen und das nächste begonnen werden konnte. Sogar Telefonkarten waren uns wegen der schönen Motive zu schade zum Wegwerfen. Ebenso hatten Jungs wie Mädels eine ausgeprägte Sammelleidenschaft entwickelt, was Trophäen und Pokale aus dem Sport betraf. Als begeisterte Mitglieder nahmen wir in unseren Sportvereinen an den unterschiedlichsten Wettkämpfen teil. Judo war bei den Jungs besonders angesagt und Turnen bei den Mädchen. Aber auch Schwimmen, Skifahren, Kanufahren, Reiten, Klettern waren beliebt und heizten unseren Wettkampfgeist an. Wir sammelten Medaillen wie andere Münzen und waren stolz, wenn unsere Erfolge in der Zeitung auf der regionalen Sportseite standen.

Bei den Mädchen machten die altbekannten Freundschaftsalben die Runde und wirklich niemand war vor einem Eintrag sicher. So schrieben und klebten wir zahlreiche Freundschaftsbücher mit Andenken zu und beantworteten offen und ehrlich die Fragen nach Hobby, Lieb-

Wer ist die Schnellste?

60 junge Schwimmer rangen um begehrte Medaillen

Zum zweiten Mal Schwimmwettkämpfe bei Kreisjugendspielen – 31 Jungen und 29 Mädchen am Start

Zum zweiten Mal fanden innerhalb der Kreisjugendspiele des Saale-Orla-Kreises die Wettbewerbe im Schwimmen statt. Bei den 4. Kreisjugendspielen gingen 31 Jungen und 29 Mädchen der Jahrgänge 1985 bis 1989 an den Start.

Bei den Teilnehmern der Jahrgänge '85 und '86 wurde in den Disziplinen Brust, Rücken und Streckentauchen um die Medaillenplätze gekämpft. Zusätzlich wurden die Ergebnisse in einer Dreikampfwertung zusammengefaßt und die besten Leistungen der jungen Athleten mit Medaillen geehrt. Als die erfolgreichsten Schwimmerinnen in diesen Altersklassen erwiesen sie Stefanie Schumann in der AK 85 mit vier Goldmedaillen und Juliane Sinnig in der AK 86 mit drei Gold- und einer Silbermedaille.

Bei den Jungen waren es in der AK 85 Alexander Schul mit drei Gold- und einer Silbermedaille und in der AK 86 Andreas Heinze mit jeweils zwei Gold- und Silbermedaillen.

Bei den Jahrgängen 1987 bis 1989 waren die Disziplinen Brust, Rücken, Tauchen nach Ringen und ebenfalls ein Dreikampf ausgeschrieben. Hier beherrschten Lydia Lorenz in der AK 87 sowie Liesa Landgraf in der AK 88 mit jeweils vier Goldmedaillen klar die Starterfelder der Mädchen.

Bei den Jungen waren es John Becker mit dreimal Gold und einmal Silber in der AK 87, Maximilian Schaum mit dreimal Gold in der AK 88 und Rüdiger Jahn in der AK 89, der es ebenfalls auf viermal Gold brachte. Ihren Abschluß fanden die Wettkämpfe mit den Staffelwettbewerben, bei denen gemischte Mannschaften an den Start gingen.

In der Disziplin Schwimmen der Kreisjugendspiele siegten über die Distanz von 100 Meter in der Altersklasse 9 Jahre: Rüdiger Jahn (GS II Schleiz, Platz 1), Thomas Querengässer, (GS Krölpa, Platz 2), Axel Keil (GS II Schleiz, Platz 3). (Foto: OTZ/Rott)

Ein richtiger Medaillenregen.

lingsfilm, Lieblingsbuch, Lieblingssänger oder für wen wir heimlich schwärmten. „Best friends forever" wurde zum geflügelten Lieblingssatz. Bei den Jungs dagegen waren Fußballhefte eine schöne Abwechslung.

2002-2006

Erwachsen, was heißt das schon?

Das 15. bis 18. Lebensjahr

Ein Schritt nach vorn – Jugendweihe und Konfirmation

Langsam aber sicher nahmen wir Kurs auf das Erwachsenwerden und es gab bei uns zwei Möglichkeiten, dieses Ereignis gebührend zu feiern. Entweder wir entschieden uns für die aus DDR-Zeiten beibehaltene Jugendweihe oder für die Konfirmation. Welchen Weg wir auch beschritten, das Ziel war dasselbe. Es sollte unseren Übergang vom Kind zum Erwachsenen darstellen. Wir waren gerade 14 Jahre jung und wollten dieses Fest auch gebührend begehen. Die Jugendweihe oder Jugendfeier war ein festlicher Akt mit wichtigen Programmpunkten. Von Musik umrahmt, gab es einen Vortrag, Reden und gutgemeinte Ratschläge von der Lehrerschaft, dazu leisteten wir ein Gelöbnis. Vorher mussten wir uns in einem Jugendweiheverein anmelden, um überhaupt an der Veranstaltung teilnehmen zu dürfen. Waren die Formalitäten erst einmal erledigt, hieß es, das passende Outfit zu

Ein reich gedeckter Geschenktisch zur Jugendweihe.

Chronik

1. Januar 2002
Der Euro wird als neue Währung in Umlauf gebracht.

26. April 2002
Der 19-jährige Schüler Robert Steinhäuser läuft am Erfurter Gutenberg-Gymnasium Amok und tötet 16 Menschen, anschließend sich selbst.

August 2002
Jahrhundertflut an der Elbe.

12. Oktober 2003
Die deutschen Frauen gewinnen die FIFA-Frauen-Weltmeisterschaft gegen Schweden.

22. August 2004
Aus dem Osloer Munch Museum wird von maskierten Tätern bei einem bewaffneten Raubüberfall das Bild „Der Schrei" von Edvard Munch gestohlen.

2. September 2004
Bei einem Brand in der Herzogin Anna Amalia Bibliothek in Weimar werden 50 000 Bücher, darunter viele Originalausgaben, vernichtet und zehntausende durch Löschwasser beschädigt.

19. April 2005
Der Deutsche Joseph Ratzinger wird zum neuen Papst Benedikt XVI. gewählt.

30. Oktober 2005
Mehr als 60 Jahre nach ihrer Zerstörung wird die wieder aufgebaute Dresdner Frauenkirche ihrer religiösen Bestimmung als Gotteshaus übergeben.

22. November 2005
Dr. Angela Merkel (CDU) wird zur ersten Bundeskanzlerin in der Geschichte Deutschlands gewählt.

19. Mai 2006
Der Bundestag beschließt die Erhöhung der Mehrwertsteuer von 16 auf 19 %.

4. Juli 2006
Ein Sommermärchen geht zu Ende. Deutschland scheitert bei der WM im Halbfinale gegen Italien. Das ganze Land ist trotzdem in euphorischer Feierstimmung und stolz auf seine Mannschaft.

Urkunde zur Jugendweihe.

finden. Das war meist schwieriger, als den Worten des Redners aufmerksam zu lauschen. Als wir nacheinander auf die Bühne gerufen wurden, für viele Fotos lächelnd posiert hatten und Blumen an uns überreicht wurden, bekamen wir schließlich das Gedenkbuch „Die Welt in der wir leben" und eine Urkunde mit auf unseren neuen Lebensabschnitt. Stolz konnten wir sein, hatten wir es bis dahin doch ohne große Missgeschicke auf die Bühne geschafft. Mit den wichtigsten Gaben ausgerüstet, konnte es nach der Feierstunde also gleich weitergehen. Als die ganze Familie zur lustigen Gesellschaft versammelt war, hielten wir zur Abwechslung mal eine kurze Rede und dafür gab es noch mehr Geschenke. Jeder der Gäste zeigte sich bei unserem wichtigen Schritt in die Zukunft sehr spendabel. In den meisten Fällen gab es Geldspenden, die wir schon in unseren Gedanken gut angelegt sahen. Zum Beispiel in eine Hi-Fi Anlage, ein Moped oder eine Digitalkamera.

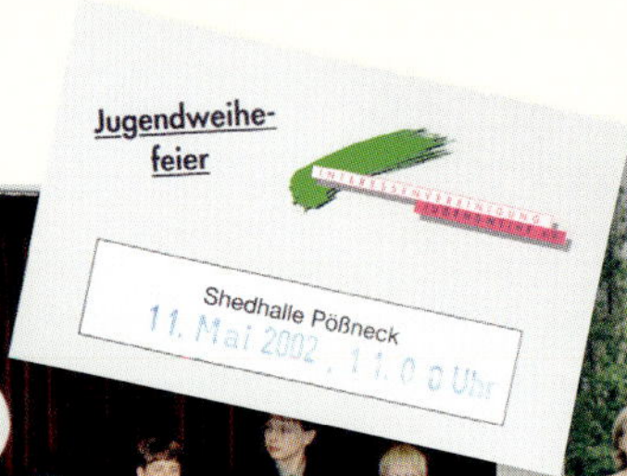

Auf die Bühne geschafft. Unsere Jugendweihe war ein großer Schritt für uns.

Mit dem richtigen Style präsentierten wir uns stolz zu unserer Jugendweihe.

Die Konfirmanden unter uns hatten ein ähnliches Programm zu absolvieren. Nach zweijähriger Christenlehre, Konfirmandenstunden und Gottesdiensten wurde die Konfirmation im Rahmen eines Festgottesdienstes vollzogen. Wir saßen in der ersten Reihe, bevor uns der Pfarrer aufrief und wir den Segen bekamen. Das erste Mal als sichtbarer Schritt in die mündige Welt, durften wir nun auch am Abendmahl teilnehmen. Schließlich händigte uns der Pfarrer die Konfirmandenurkunde aus und gab jedem von uns einen Konfirmationsspruch mit auf den Weg. Dann konnte es mit der Verwandtschaft zum Essen und Feiern gehen.

In dieser Karte verbargen sich nicht nur gute Wünsche für die Zukunft, sondern auch herbeigesehnte Geldscheine.

Auch bei der Konfirmation bekamen wir als junge Erwachsene eine Menge Geldgeschenke, über die wir uns sichtlich freuten.

Ein Tänzchen gefällig?

Viele von uns kamen auf dem Weg zum Erwachsenwerden um eine Tanzschule nicht herum. Sei es, den richtigen Rhythmus zu erlernen, oder einfach nur, weil unsere Eltern meinten, das müsse man unbedingt erlebt haben. Also probierten wir es auch. Einmal den richtigen Tanzpartner gefunden, konnte das Erlebnis Tanzkurs seinen Lauf nehmen. Eine gewisse Schmerzunempfindlichkeit besonders im Bereich der Füße wurde von den Teilnehmern allerdings schon vorausgesetzt, denn nicht jeder von uns zeigte sich als ein Naturtalent. Wir lernten fleißig die Standardtänze wie Foxtrott, Cha-Cha-Cha und Walzer. Stundenlang im Kreis herumdrehen, die richtige Haltung annehmen, lächeln, bis wir am Ende geschmeidig über das Parkett fegen konnten. Spaß war auf jeden Fall immer dabei, wenn wir über uns gelacht

Tanzschule Zellmann Jena

Urkunde

Herr/Frau Julia Zipper

hat an einem Grundkurs für modernen Gesellschaftstanz teilgenommen.

Jena, 23. Nov. 2002

Karl-Heinz und Gerhild Zellmann
ausgeb. und gepr. Lehrer für Gesellschaftstanz

Eine Urkunde für die absolvierte Tanzstunde.

Nach der Shoppingtour musste auch mal ein Päuschen bei Ronald eingelegt werden.

haben, weil wir uns die Schritte einfach nicht merken konnten oder uns ganz schwindelig wurde. Krönendes Highlight war natürlich der Abschlussball, auf dem wir alle zusammen hübsch gestylt ganz locker aus der Hüfte ein Tänzchen wagen konnten, zur Freude unserer Eltern, die von ihren Sprösslingen aufgefordert wurden. Wer von uns Teilnehmern dazu noch große Gefühle für seinen Tanzpartner entwickelte und diese auf Gegenseitigkeit beruhten, hatte gleich doppelt so viel Grund zur Freude.

Für manche von uns war Tanzen mehr als ein Hobby. Die jahrelang geübten Schritte perfektionierten wir in weiteren Tanzkursen, Vereinen und unter professioneller Anleitung.

Gemeinsam in die Zukunft tanzen. Mit dem richtigen Tanzpartner kein Problem.

Das beste Design muss sein

Wie wir uns richtig zu kleiden hatten, wussten die Mädels immer zuerst, bevor die Jungs später nachzogen und auf den richtigen Modegeschmack kamen. Wir hatten alle dasselbe Ziel: frech, modern und ruhig ein bisschen aus der Reihe tanzen, das wollte eigentlich jeder einmal. Schon längst verschmähten wir die abgetragenen Sachen unserer Geschwister oder anderen Verwandten und hatten unseren eigenen Willen, was zeitgemäßes Design anbetraf. Nach der Schule begaben wir uns meist in kleinen Grüppchen mit den besten Freunden auf Modejagd und waren Stammgäste bei den großen

Kaufhäusern der gängigen Labels. Kritisch verfolgten die jungen Mädels unserer Generation die bekannten Modemagazine und studierten nebenbei Kataloge, immer auf der Suche nach dem besonderen Etwas. Einige der Eltern waren nicht unbedingt begeistert, dass es ausgerechnet die teuerste Jeans oder die hippeste Bluse oder die ausländischen Sneakers sein mussten. Sie verstanden nicht, warum es so wichtig für uns war, uns stets passend und stylisch in der Schule zu präsentieren. Rund um das Thema Mode und den richtigen Look machte uns so schnell niemand etwas vor.

Die jungen Wilden

Während sich die Mädchen für Mode und Schmuck interessierten, begann sich bei vielen Jungs eine musikalische Ader zu entwickeln. Manche der befreundeten Kumpels schafften es sogar, sich zu einer coolen Band zusammenzuschließen. Laute Rapmusik, Dark Wave oder eigene Texte und bekannte Lieder wurden dann in den extra eingerichteten Kellerräumen so lange geübt, bis die passende Tonlage gefunden war. Das konnte Monate dauern. Waren die jungen Bandmitglieder dann aber richtig gut, gab es sogar Auftritte vor Publikum in kleineren Gaststätten oder Kneipen oder auf Geburtstagen von Freunden und Verwandten. Che Guevara an den Zimmerwänden, Kurt Cobain im Herzen und die Gitarre in der Hand, davon träumten die Jungs. Genauso wollten sie sein. E-Gitarre oder Schlagzeug spielen, provozierende Texte schreiben, Glück hatte, wer das Talent und die Ausdauer dazu besaß. Für alle anderen war der Wunsch nach einer eigenen Band und viel Erfolg auf der Bühne von kurzer Dauer und schnell ausgeträumt. Aber das war nicht so wild, schließlich gab es jede Menge guter Musik auf CD zu kaufen und wir konnten uns mit großen Kopfhörern auf den Weg machen, andere Welten zu entdecken.

Der Übergang zum Euro

Zwölf Jahre nach der Umstellung von DDR-Mark auf die D-Mark ist die Einführung des Euro als neue europäische Währung eine einschneidende Veränderung. 1999 zunächst als Buchgeld eingeführt, ist der Euro seit dem 1. Januar 2002 das neue Zahlungsmittel in Deutschland und 22 anderen europäischen Staaten und wird zur wichtigsten Währung neben dem amerikanischen Dollar. Die Deutsche Mark hat damit ausgedient, wird aber in der Übergangszeit noch als Zahlungsmittel parallel zum Euro akzeptiert.

Oder wir griffen einfach selbst zu einem Instrument und hauten ordentlich in die Tasten.

Der richtige Ton macht die Musik

Allmählich änderte sich auch unser Musikgeschmack. Während einige von uns noch auf Boy- oder Girlgroups abfuhren, fanden andere zum Rock, Punk, Soul oder R 'n' B. Die Bandbreite war groß. Manche von uns waren ganz verrückt auf die beste Band der Welt, die Ärzte, und kannten mittlerweile jeden Song auswendig, wohingegen andere mehr auf Metallica, Rammstein und die Toten Hosen standen. Und was den Mädchen Künstler wie Pink, Avril Lavigne, Shakira und HIM bedeuteten, waren für die Jungs die Songs von H.P. Baxxter alias Scooter, Stefan Raab und der süßen Sugababes. Es durfte untereinander getauscht und geborgt werden, was die CD-Schränke des Einzelnen hergaben. Musik war ein ganz wichtiger Teil in unserem Leben, um sich auch mal zurückzuziehen oder einfach abzutanzen. Manchmal lagen wir auch in unserem Zimmer und lauschten einem traurigen Liebeslied, während wir dabei an die große Liebe dachten, die zu diesem Zeitpunkt von unseren Gefühlen vielleicht noch gar keine Ahnung hatte. Die Melodien prägten sich ein und begleiteten uns ständig mit Walkman, tragbarem CD-Player, dem ersten MP3-Player, auf Viva und im Radio.

Fernsehserien, die wir gern sahen

Mein Leben und Ich, deutsche Comedyserie
Die Simpsons, US-amerikanische Zeichentrickserie
Friends, US-amerikanische Comedyserie
Gute Zeiten Schlechte Zeiten, deutsche Fernsehserie
Sex in the City, US-amerikanische Fernsehserie
Beverly Hills 90210, US-amerikanische Fernsehserie
Gilmore Girls, US-amerikanische Fernsehserie

Ohne Notebooks war man verloren.

Auf dem neuesten Stand der Technik

Im Zeitalter der Technik gab es immer wieder Neuheiten, die bei uns Jugendlichen hoch im Kurs standen. Nach den coolsten Handys, den besten Computerprogrammen, den flachsten Bildschirmen, den schnellsten Internetzugängen und unzähligen Chatrooms, in denen wir stundenlang beschäftigt waren, kam ein weiteres Highlight auf unseren Wunschzettel: eine Digitalkamera. Diese Art der schnellen Fotografie musste unbedingt unser Eigen werden. Unzählige Fotos auf Knopfdruck und ohne lange Wartezeiten, konnte das Ergebnis gleich auf der Rückseite der Kamera betrachtet werden. Gefiel uns ein Foto nicht, wurde es eben sofort wieder gelöscht und ein neues gemacht. Diesmal mit mehr Belichtung und ohne die roten Augen. Super, diese Kameras, die einen irren Spaß versprachen. Einen Nachteil jedoch hatte die Sache, denn die Bilder wurden nicht mehr wie einst hübsch verziert und liebevoll beschriftet in Fotoalben geklebt. Jetzt musste erst der Computer hochgefahren werden. Bei der nächsten Gelegenheit auf CD gebrannt, konnten die unzähligen Fotos per DVD-Rekorder auf dem Fernseher angeschaut werden.

Apropos, die DVD war auch so eine Neuheit unserer Zeit. Als Speichermedium in CD-Form löste sie die alte VHS-Kassette ab. Damit hatte der Videorekorder ausgedient, denn nun gab es alle Filme in noch besserer Bildqualität auf DVD.

Erlebnis LAN-Party

Dass Computerspiele begeistern und vor allem für die Jungs eine der wichtigsten Freizeitbeschäftigungen waren, stand außer Frage. Warum also nicht die Nacht zum Tag machen und sich mit vielen Gleichgesinnten treffen, um herauszufinden, wer am längsten vor dem Bildschirm sitzen kann? Dafür wurden LAN-Partys ins virtuelle Leben gerufen. Manch einer der Teilnehmer ging bei den langen Spieleinheiten sogar so weit, das wahre Leben drau-

Nach der LAN-Party mal eintauchen in die reale Welt.

ßen komplett zu vergessen und tagelang besonders die Körperhygiene zu vernachlässigen. Zurück in der Realität, erkannte man einen LAN-Party-Teilnehmer nicht nur am aschfahlen und müden Gesicht, sondern auch an seinem strengen Geruch. Aber wer der Beste sein wollte, musste wohl auch diverse Opfer bringen.

Wir sind Papst

Nach dem Tod von Papst Johannes Paul II. wird am 19. April 2005 Joseph Alois Ratzinger als erster Deutscher in der Geschichte der römisch-katholischen Kirche zum 265. Papst gewählt. Er gibt sich den Papstnamen Benedikt XVI. Die Tatsache, dass ein Deutscher zum Papst ernannt wird, löst in Deutschland große Begeisterung aus und wird von der Bildzeitung mit der Überschrift „Wir sind Papst" betitelt, die zum geflügelten Wort wird. Bereits im August 2005 besucht Benedikt XVI. den XX. Weltjugendtag in Köln und begeistert die Jugend.

Sturm und Drang

An den Wochenenden waren wir nun kaum noch zu Hause vor dem Fernseher zu halten. Wir wollten mehr. Die erste große Liebe finden, gute Musik hören oder einfach nur mit Freunden abhängen. Die Clubs in unserer Gegend waren angesagt und wir mittendrin, sofern wir es am Türsteher vorbei auf die Tanzfläche schafften. Ansonsten waren wir auf außergewöhnlichen Mottopartys oder beim jährlichen Schulfasching stets gern gesehene Gäste. Nicht zu vergessen die lustigen Gesellschaftsspiele an den Wochenenden, bei denen wir hin und wieder im Freundes- und Familienkreis kräftig abräumten. In unseren Sturm- und Drangzeiten gab es jedenfalls eine Menge für uns zu erleben. Während die Mädchen sich nach der Pubertätskrise zu modebewussten Dancing Queens mauserten, wurden die Jungs zu Sportskanonen und

Die Tanzfläche rocken! Auch wenn wir die Zeit vergaßen, müde wurden wir nicht.

Feiern wie die Großen. Originelle Partys fanden oft in den eigenen vier Wänden statt.

Siehst du, da will ich noch hin. In anderen Ländern gab es viel zu entdecken.

Computerliebhabern. Für uns gab es immer ein wichtiges Event, für das es sich lohnte, mit den Eltern herumzudiskutieren, wann wir nach Hause kommen wollten bzw. sollten. Meistens hielten wir uns an die Abmachungen, obwohl es schon einiger Überredungskunst bedurfte, den Eltern zu erklären, dass die Disco erst sehr spät anfängt und wir deshalb auch erst später heim könnten. Je älter wir wurden, desto mehr gewöhnten sich unsere Eltern auch an diese für sie unverständlichen Zeiten.

Schulabschluss, Lehre oder Abitur

So unterschiedlich wie die Schulabschlüsse, so unterschiedlich waren auch unsere Werdegänge. Den Einstieg ins Berufsleben strebten einige von uns gleich nach der Haupt- oder Realschule an, sofern eine Lehrstelle gefunden war.

Mancher verbrachte ein Austauschjahr in Amerika, Frankreich, England oder sogar Australien. Neben der neuen Sprache und ein paar Kilos mehr auf den Rippen fanden wir dort viele neue Freunde und lernten die andere Kultur schätzen. Wir wurden weltoffener und konnten weitab von der Heimat

Ich bin der König der Wüste!

Neue Freundschaften, neue Spracherfahrungen und neue Länder kennenlernen war für viele bereichernd.

unvergessliche Erfahrungen sammeln. Wer das Abitur anstrebte, musste etwas länger lernen, um dann vor der Frage zu stehen: Was nun? Studium, Praktikum oder Auslandsaufenthalt, die Entscheidung sollte sorgfältig überdacht werden. Zudem entschlossen sich Einzelne, die noch nicht genau wussten, wohin der Berufsweg sie führen sollte, zu einem sozialen oder ökologischen Jahr.

Für die Jungs standen zunächst Zivildienst und Bundeswehr zur Debatte. Egal, für welchen Weg wir uns entschieden hatten, eines war sicher: Es lag noch viel vor uns.

Abiturienten vor dem gefürchteten Schulabschluss.

Deutschland, ein Sommermärchen

Im Sommer 2006 steht ein besonderes Ereignis an: Dank „Kaiser Franz" ist Deutschland Austragungsland der Fußball-WM. Zwar ist die Angst nicht nur vor Ausschreitungen, sondern auch vor einer sportlichen Blamage groß, doch unter Trainer Jürgen Klinsmann und Jogi Löw setzt die deutsche Fußballnationalmannschaft zu ungeahnten Höchstleistungen an und lockt von Spiel zu Spiel und von Sieg zu Sieg mehr Deutsche vor die Fernseher und Großleinwände. Anfangs noch belächelt und kritisiert, ahnt zu Beginn der WM in Deutschland nämlich niemand, was die ungewöhnlichen Trainingsmethoden von Klinsi und Jogi auszulösen vermögen. Eine Welle der Begeisterung und Nationalstolz ziehen durch das Land. Schneider, Poldi und Schweini, Klose und Ballack und alle anderen Nationalspieler werden als Helden der Nation im ganzen Land gefeiert. Das Fußballfieber packt jeden und Deutschland gibt sich bei vier Wochen strahlendem Sonnenschein als offenes und feierlustiges Gastgeberland.

In der Vorrunde gewinnt Deutschland gegen Polen mit 1:0 in der Nachspielzeit durch ein Tor von Oliver Neuville, der erst Minuten zuvor eingewechselt wurde. Auch im Viertelfinale gibt es ein äußerst spannendes Spiel gegen Argentinien, das im Elfmeterschießen durch ein kleines Stück Papier in den Socken von Jens Lehmann für die deutsche Nationalelf entschieden wird. Darauf stehen mit Bleistift die Lieblingsecken der Torschützen, die Lehmann halfen, zwei Strafstöße zu halten. Der gesicherte Einzug ins Halbfinale sorgt überall für Hupkonzerte, Feierstimmung und Autokonvois. Schließlich unterliegt Deutschland im Halbfinale dem Gegner Italien, schafft es aber, sich gegen Portugal auf Platz 3 zu schießen und Oliver Kahn mit einem sagenhaften Spiel aus der Nationalmannschaft zu verabschieden. Deutschland, ein Sommermärchen geht zu Ende.

Ohne Auto geht's auch. Mobil waren wir auch so.

Ziel erreicht – der Führerschein

Eine überaus wichtige Angelegenheit war für uns natürlich der Führerschein. Es roch nach mobiler Freiheit, die wir kaum erwarten konnten. Die meisten Jungs unsere Generation besaßen neben ihrem Fahrrad auch einen Mopedführerschein und waren mit dem Prozedere bestens vertraut. Doch der begehrte Führerschein fürs Auto war nicht unbedingt als ein Schnäppchen zu haben und so mussten wir zunächst auf eine Finanzspritze warten oder unser Gespartes aufgeben. Die Fahrstunden und die aufregende Prüfung geschafft, hieß es jetzt, sich um einen fahrbaren Untersatz bemühen. Das war oft genauso schwierig, wie den Führerschein zu erlangen und nur wenigen von uns stand bald ein eigenes Auto zur Verfügung. So lange wir sparten, nutzten wir eben das Auto unserer Eltern oder ließen uns wie eh und je von älteren Freunden herumkutschieren. In der Stadt fiel unsere Autolosigkeit nicht schwer ins Gewicht, da brauchten wir wenigstens nicht

Den angesagten Club endlich von innen sehen. Zum 18. Geburtstag war alles möglich.

Eintauchen in die Welt der Erwachsenen.

stundenlang einen Parkplatz suchen und Bus und Bahn fuhren im Minutentakt. Auf dem Land dagegen wurde weiterhin organisiert und alles dafür getan, endlich einen coolen Schlitten zu besitzen oder wenigstens einen alten Golf oder Ford. Dann konnte man stolz in der Gegend herumfahren und alle Ziele unabhängig erreichen, denn Busse fuhren kaum.

Endlich 18 – get the party started

Kaum zu glauben, der 18. Geburtstag stand vor der Tür. Und was machten wir an einem derart besonderen Tag? Natürlich Party! 18 Jahre und damit volljährig, konnte es nichts Schöneres geben, als mit unseren Freunden und der ganzen Verwandtschaft das einmalige Ereignis zu feiern. Nicht nur, weil wir damit unseren Träumen ein Stück näher kamen, oder als richtige Erwachsene angesehen wurden. Wir konnten weitere Schritte in unserem Leben angehen und endlich selbst bestimmen, wo es langging. Das war ein gutes Gefühl, auch wenn sich eigentlich nicht sofort alles bei uns änderte. Einige von uns hatten bereits einen Partner, einen Ausbildungs- oder Studienplatz und jede Menge toller Zukunftspläne. Doch bevor wir diese in die Tat umsetzen würden, stand erst einmal die große Party ins Haus. Alle wichtigen Menschen versammelt, konnte das Megafest beginnen. Ob extra angemieteter Saal mit gutem Sound und kaltem Buffet, einer Grill-Gartenparty oder in der Disco, das Ereignis unserer Volljährigkeit wurde in fast jeder Familie gebührend gefeiert. Schließlich wurden wir nur einmal in unserem Leben 18 Jahre alt. Drum lautete unser Motto: Get the party started!

Auf in unsere Zukunft, die 18 ist erreicht. Glückwünsche aus der Familie.

WIR vom Jahrgang 1937
Kindheit und Jugend
WIR vom Jahrgang 1959
Kindheit und Jugend
Kathrin Höchst
WIR vom Jahrgang 1983
Kindheit und Jugend
Wartberg Verlag

Aufgewachsen in der DDR
Edgar Kobi
WIR vom Jahrgang 1947
Kindheit und Jugend
Aufgewachsen in der DDR
Simone Zeh
WIR vom Jahrgang 1967
Kindheit und Jugend
Wartberg Verlag

Chronik
Im Winter 1947